Crónica de las formas
Un viaje por el Continuo Geométrico

Fernando M. Alonso Pedrero, Mª Pilar Salazar Lozano
y Juan L. Roquette Rodríguez-Villamil

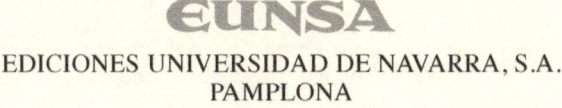

EDICIONES UNIVERSIDAD DE NAVARRA, S.A.
PAMPLONA

© 2025. Fernando M. Alonso Pedrero, Mª Pilar Salazar Lozano
y Juan L. Roquette Rodríguez-Villamil
Ediciones Universidad de Navarra, S.A. (EUNSA)
Campus Universitario • Universidad de Navarra • 31009 Pamplona • España
+34 948 25 68 50 • www.eunsa.es • eunsa@eunsa.es

ISBN 978-84-313-4046-9
DL NA 1199-2023

Printed in Spain – Impreso en España

Cupón para la Biblioteca Virtual

Accede a la versión eBook de este título por solo **1,99 €**. Con la compra de este libro puedes utilizar el siguiente cupón para la lectura en *streaming** desde la Biblioteca Virtual. **Sigue estas instrucciones** para visualizar tu libro:

1. Dirígete a la web de la Biblioteca Virtual **https://ebooks.eunsa.es/library**.

2. En la web ve a **Iniciar sesión** e introduce tu email y contraseña. Si no estás registrado, deberás completar el proceso en **Registrarse**.

3. Tras registrarte, accede a la página del libro o lee el QR de esta página. Bajo el precio podrás **insertar el código oculto en el siguiente cupón** para activar la promoción.

Despegue para visualizar

Acceso directo al eBook

Canjéalo en ebooks.eunsa.es

*Con acceso a internet desde cualquier navegador.

Colección: Apuntes

Índice

Descifrar el lenguaje de las formas

Fernando M. Alonso Pedrero

Como arquitecto, me he enfrentado a la tarea perpetua de descifrar el lenguaje de las formas, una sintaxis que se extiende más allá de los confines de los planos y los alzados, para zambullirnos en el rico océano de la geometría. La arquitectura, como bien sabemos, es el arte y la ciencia de encerrar el espacio, de dar forma al vacío de manera que resuene con nuestra humanidad, nuestras necesidades y nuestros más profundos anhelos estéticos. *Crónica de las formas. Un viaje por el Continuo Geométrico* es un homenaje a esta búsqueda, una exploración del continuo sin fronteras de la geometría que es, al mismo tiempo, el andamiaje de nuestros edificios y el pulso de nuestra creatividad.

Este libro está pensado como un puente entre mundos, destinado a arquitectos, diseñadores, artistas y, de hecho, a cualquier persona fascinada por el juego de las formas. Aquí, la geometría se revela no sólo como un conjunto de reglas y ecuaciones, sino como un lenguaje visual y espacial, un medio a través del cual podemos comunicar y, lo que es más importante, a través del cual podemos soñar. En las páginas que siguen, embarcamos en un viaje comenzando con la sencillez de un punto en el vacío, un átomo de posibilidad, y seguiremos su evolución a través de las dimensiones y los dominios de la complejidad creciente. Veremos cómo un punto se convierte en línea, una línea en plano, y un plano se pliega en las formas que pueblan nuestro entorno construido y natural.

A través de cada capítulo, las formas se descubrirán no solo en su estática belleza, sino también en su dinámica interacción. La geometría es, después de todo, el estudio de las propiedades del espacio que son invariantes bajo ciertas transformaciones, y es precisamente este concepto de transformación el que infunde vida en el diseño. A medida que consideramos curvas y superficies, fractales y poliedros, no lo hacemos desde la distancia académica, sino con la mano en el barro de la creación,

9

modelando las formas que habitarán nuestras calles, nuestros hogares y nuestras mentes.

Crónica de las formas es tanto un compendio como una invitación a explorar. Las formas aquí contenidas son tanto un catálogo de lo que ha sido posible hasta ahora como un mapa de lo que podría ser. Este libro es un reconocimiento de que cada edificio, cada objeto, cada imagen que concebimos, está imbuido de una historia geométrica que merece ser contada y comprendida.

Que esta crónica sea no solo una guía sino también una musa, incitándonos a ver en las formas no un fin, sino un principio, una nota en una sinfonía espacial que todos estamos invitados a componer. Con cada forma que reconocemos y con cada forma que imaginamos, participamos en la narrativa del espacio que nos rodea. Se trata, por tanto, de un diálogo continuo, una conversación que trasciende el papel, la pantalla y el pincel para habitar el mundo mismo, siempre en transformación, siempre en crecimiento.

Prólogo

Cuentos y conceptos complejos

Juan L. Roquette Rodríguez-Villamil

El género literario del cuento infantil presenta una virtud notable al permitir la comunicación de conceptos técnicos y complejos, como la geometría, de una manera accesible, atractiva y plástica. Este enfoque tiene una pertinencia significativa para diversos públicos, desde niños hasta arquitectos consagrados. Al abordar temas técnicos como la geometría, los cuentos infantiles logran una simplificación conceptual sin sacrificar la profundidad del contenido, lo que se evidencia en ejemplos como *Historia de dos cuadrados* de El Lissitzky, *Mise au point* de Le Corbusier y el *Ballet triádico* de Oskar Schlemmer.

La obra de *El Lissitzky*, publicada en 1922 en el contexto del suprematismo y el constructivismo ruso, es un claro ejemplo de cómo un cuento infantil puede funcionar tanto como un estímulo lúdico para los niños como una alegoría política para los adultos. En *Sobre dos cuadrados. En seis construcciones*, Lissitzky utiliza formas geométricas simples para narrar una historia que invita a la interpretación activa, fomentando en los niños la capacidad de componer, pintar y construir. Simultáneamente, esta obra se erige como una metáfora del diálogo entre las concepciones cósmicas del suprematismo y las nuevas ideas constructivistas, reflejando la eclosión tipográfica y el fotomontaje de la Unión Soviética entre 1913 y 1941.

Le Corbusier, en *Mise au point*, ofrece su testamento intelectual a través de una narrativa que combina rigor poético y análisis crítico. La edición facsímil en español, acompañada del ensayo *Pensar la arquitectura: Mise au point de Le Corbusier* por Jorge Torres Cueco, permite situar adecuadamente el texto en su contexto histórico. Este enfoque a caballo entre el laboratorio científico y el taller del artista ejemplifica cómo los conceptos arquitectónicos pueden ser explorados y entendidos mediante una narrativa accesible y reflexiva.

El *Ballet triádico* de Oskar Schlemmer, aunque una obra teatral y coreográfica, funciona como una narrativa visual y discursiva que explora la interacción entre formas geométricas y movimiento. Este ballet, representado en la Bauhaus, ilustra cómo las formas tridimensionales y las relaciones espaciales pueden ser narradas de manera que se entienda tanto la técnica como la estética subyacente, ofreciendo nuevas perspectivas sobre la percepción del espacio.

La capacidad de los cuentos infantiles para simplificar conceptos complejos es particularmente beneficiosa para los niños, quienes a través de historias visuales y atractivas, como *El Principito* de Antoine de Saint-Exupéry, pueden aprender grandes enseñanzas sobre la psicología, los valores humanos y el paisaje moderno. Este enfoque no solo estimula la creatividad y la curiosidad en los más jóvenes, sino que también siembra las bases para un futuro interés en la arquitectura.

La historia del Génesis en la Biblia puede entenderse como una narración que, aunque revestida con la sencillez de un cuento infantil, desvela profundas verdades sobre el origen de la creación del mundo y de todas las cosas. De manera análoga, obras maestras como el tríptico *El jardín de las delicias* de Hieronymus Bosch y *La primavera* de Sandro Botticelli presentan paisajes donde coexisten todas las formas y cuerpos, evocando una creación que resuena con las vibrantes composiciones de Wassily Kandinsky. La creación del mundo, en su esencia, no parece muy distinta de la creación de la geometría, un proceso de orden y armonía que también se refleja en la visión del "jardín final" o las "bodas del Cordero" en el Políptico de Gante de los hermanos Van Eyck, un "espejo simétrico" de las representaciones del Génesis que simboliza una visión apocalíptica del final del mundo, en el que todo retorna a su origen.

Este paralelismo entre las narrativas bíblicas y las representaciones artísticas resalta la capacidad del arte y de las formas narrativas para revelar verdades profundas de manera accesible y visualmente rica. El tríptico de Bosch nos ofrece una visión caleidoscópica del Edén y del Juicio Final, donde cada detalle, cada figura, contribuye a una narrativa visual que explora los límites de la moralidad y la existencia humana. En *La primavera* de Botticelli, las figuras alegóricas y las composiciones florales no solo representan la estación del renacimiento natural, sino que también aluden a la regeneración espiritual y al orden cósmico, donde cada elemento se interrelaciona armoniosamente.

Las creaciones de Kandinsky, con su abstracción lírica, capturan la esencia de una realidad donde las formas geométricas y los colores se entrelazan en un ballet cósmico, sugiriendo que la geometría misma es una manifestación del orden universal. Este mismo principio se puede discernir en el Políptico de Gante, donde las escenas bíblicas se desarrollan en un marco de sublime precisión geométrica, ofreciendo una visión del mundo como una totalidad ordenada que glorifica a su creador. Aquí, la simetría y el simbolismo de las geometrías actúan como reflejo del inicio y del fin, un ciclo en el que todo retorna a su origen divino.

Al observar estos ejemplos, se percibe que la creación del mundo y la creación de la geometría son procesos intrínsecamente conectados, ambos reflejando un diseño inteligente y armonioso que subyace en la estructura del universo. Esta conexión se extiende a la narrativa y al arte, donde las formas y figuras no solo representan la realidad, sino que también la interpretan y la trascienden, ofreciendo a los espectadores una ventana hacia verdades más profundas.

En última instancia, la narrativa del Génesis, los cuadros de Bosch, Botticelli y Kandinsky, y las representaciones simbólicas del Políptico de Gante nos invitan a reflexionar sobre la naturaleza de la creación y el papel del arte y la geometría en nuestra comprensión del mundo. Estas obras, como los cuentos infantiles, nos enseñan que detrás de la simplicidad aparente se esconden significados profundos, y que el arte y la narrativa son vehículos poderosos para explorar y expresar las verdades más fundamentales de nuestra existencia.

Para los estudiantes de arquitectura, estos cuentos proporcionan una motivación inicial para abordar el estudio técnico de la geometría y la forma. Narrativas como *El poema del ángulo recto* de Le Corbusier, con su estructura poética, facilitan la comprensión de conceptos arquitectónicos profundos. Esta transición suave desde una narrativa lúdica hacia un estudio más técnico ayuda a mantener el interés y la curiosidad de los estudiantes, haciendo el aprendizaje más accesible y menos intimidante.

Para los arquitectos consagrados e intelectuales, estas obras ofrecen una reflexión profunda sobre la realidad física, el espacio y la percepción humana. Obras como *Mise au point* de Le Corbusier invitan a repensar los fundamentos de la arquitectura, explorando nuevas formas de interpretación y aplicación de principios geométricos y formales. Estas narrativas fomentan una continua metamorfosis en las prácticas profesionales, adaptándose a las necesidades cambiantes de la sociedad.

En síntesis, el género literario del cuento infantil, con su capacidad para simplificar y visualizar conceptos complejos, se revela como una herramienta invaluable para comunicar la arquitectura y la forma a públicos variados. Desde los niños, que reciben una introducción accesible y atractiva a conceptos abstractos, hasta los estudiantes y profesionales, que encuentran en estas narrativas una fuente de motivación y reflexión, los cuentos infantiles facilitan una comprensión profunda y accesible de los principios arquitectónicos, permitiendo una reinterpretación continua y dinámica de estos conceptos a lo largo del tiempo[1].

1.   Bibliografía recomendada
   - **Le Corbusier. (2021).** Mise au point: Pensar la arquitectura. Abada Editores. Recuperado de https://abadaeditores.com/historia-del-arte/mise-au-point-pensar-la-arquitectura-mise-au-point-de-le-corbusier-.html
   - **Le Corbusier. (2006).** El poema del ángulo recto. Círculo de Bellas Artes. Recuperado de https://www.anti-web.com/es/libro/le-corbusier-el-poema-del-angulo-recto_11532
   - **Lissitzky, E. (n.d.).** Cuento suprematista sobre dos cuadrados en seis construcciones (Versión Digital). Recuperado de https://doscuadrados.es/pdf/Cuento%20suprematista%20sobre%20dos%20cuadrados%20en%20seis%20construcciones%20(Versi%C3%B3n%20Digital).pdf
   - **Lissitzky, E. (n.d.).** Cuento suprematista sobre dos cuadrados en seis construcciones. Círculo de Bellas Artes. Recuperado de https://www.circulobellasartes.com/libros/cuento-suprematista-cuadrados-seis-construcciones/
   - **Frost, A. (2016).** The Triadic Ballet: Eccentric Bauhaus ballet brilliance or is it Germanic Maude Lebowski art shit? Dangerous Minds. Consultado el 15 de junio de 2016.
   - **Martínez, A. M. (2017).** Cuando cuerpo y espacio fueron uno: El Ballet Triádico de Oskar Schlemmer. Consultado el 13 de agosto de 2017.
   - **Schlemmer, O., & Schlemmer, T. (1990).** The Letters and Diaries of Oskar Schlemmer. Northwestern University Press. ISBN 9780810109032. Consultado el 13 de agosto de 2017.
   - **Saint-Exupéry, A. (1943).** Le Petit Prince. Le Petit Prince Official Website. Recuperado de https://www.lepetitprince.com/
   - **Saint-Exupéry, A. (2005).** Le Petit Prince. Gallimard. ISBN 9782070612758. Recuperado de https://www.casadellibro.com/libro-le-petit-prince/9782070612758/1148505
   - **Wardhaugh, B. (2022).** *Las infinitas vidas de Euclides: Historia del libro que forjó nuestro mundo*. Shackleton Books. ISBN 978-8413611303.

"El filósofo Aristipo, discípulo de Sócrates, víctima de un naufragio, fue arrojado por la tempestad a las costas de la isla de Rodas y al advertir unas figuras geométricas dibujadas en la arena, cuentan que gritó a sus compañeros: «¡tengamos confianza, amigos, pues observo huellas humanas!»"

Marco Lucio Vitrubio Polión,
Los diez libros de Arquitectura.
Libro Sexto.

Parte I
Los fundamentos de la geometría

Capítulo 1

El Mundo Punto

En el vasto vacío del **espacio geométrico**[2], existía Píxel.

2. **Espacio geométrico:** Es el conjunto de todos los puntos posibles que pueden ser definidos según reglas específicas. Puede ser de cualquier número de dimensiones, incluyendo una, dos, tres, o incluso más dimensiones. En términos más simples, es el lugar donde todos los objetos geométricos (como puntos, líneas, superficies) existen.

    Un espacio geométrico se caracteriza por su dimensionalidad, que puede variar desde unidimensional (líneas) hasta multidimensional, pasando por el bidimensional (planos) y el tridimensional (espacios con volumen), utilizados tanto en contextos prácticos como teóricos. Estos espacios pueden estar definidos por un sistema de coordenadas que asigna números a cada punto, facilitando la cuantificación de posiciones y distancias. Las propiedades métricas como longitud, área y volumen se calculan según la geometría específica del espacio. Además, los espacios geométricos se rigen por axiomas y propiedades topológicas que definen su estructura interna y la relación entre los puntos, esenciales para entender conceptos como la continuidad y la conectividad.

    Los espacios geométricos incluyen el plano euclidiano (R^2), donde dos coordenadas determinan la posición de cualquier punto, y el espacio euclidiano tridimensional (R^3), usado comúnmente para describir objetos en el mundo real. Además, existen los espacios no euclidianos, como las geometrías hiperbólicas y esféricas, que se distinguen por tener reglas y relaciones entre puntos que divergen de los principios de la geometría euclidiana tradicional.

    -   Tipos de espacios no euclidianos:
    -   **Espacios hiperbólicos**: en la geometría hiperbólica, las líneas paralelas se divergen y los ángulos de un triángulo suman menos de 180 grados. Este tipo de espacio se usa para modelar estructuras en el universo y en ciertas teorías de la física.
    -   **Espacios elípticos**: la geometría elíptica, o riemanniana, es un tipo de geometría no euclidiana donde no existen líneas paralelas y las líneas rectas eventualmente se encuentran. Un ejemplo de un espacio elíptico es la superficie de una esfera, donde los "líneas rectas" son los grandes círculos.

- **Espacios riemannianos**: los espacios riemannianos son una generalización de la geometría elíptica y son fundamentales en la teoría de la relatividad general de Einstein. Estos espacios permiten curvaturas variadas y se definen por una métrica que puede cambiar de punto a punto.
- **Espacios proyectivos**: en la geometría proyectiva, todos los puntos de una línea se consideran como equivalentes, eliminando la distinción entre paralelas. Es útil en la teoría de la perspectiva y en diversos campos de las matemáticas aplicadas.
  Estos espacios exploran dimensiones y configuraciones que amplían nuestra comprensión de las estructuras geométricas más allá de las percepciones ordinarias, permitiendo modelos más complejos y flexibles para describir fenómenos tanto matemáticos como físicos.

No era más que un simple **punto**[3], una singularidad infinitesimal. El universo en el que habitaba estaba desprovisto de direcciones, **dimensiones**[4] o **distancias**[5]. Sin arriba ni abajo, sin izquierda ni derecha, Pixel simplemente era.

En este mundo, no había nada que medir, no había **magnitud**[6], solo existencia. Sin embargo, a pesar de su simplicidad, Pixel estaba lleno de curiosidad. Se preguntaba a menudo: "¿Hay algo más allá de mi existencia puntual?". Pero sin tener la capacidad de moverse o cambiar, sus pensamientos se desvanecían rápidamente en la inmensidad del vacío que lo rodeaba.

3.   **Punto:** en geometría, un punto es una entidad que no tiene dimensiones; no tiene longitud, área, volumen ni ninguna otra medida dimensional. Es simplemente una posición en el espacio geométrico. Un punto es normalmente representado por una coordenada en un sistema de coordenadas determinado. En geometría, una **nube de puntos** se refiere a un conjunto de puntos en un espacio que representan la posición de puntos de datos individuales. Estas nubes son utilizadas comúnmente en campos como la modelización 3D y la topografía para capturar y representar la forma y las características superficiales de un objeto o terreno físico. Cada punto en la nube tiene coordenadas específicas que definen su ubicación en el espacio, y juntos, estos puntos pueden ser usados para recrear modelos digitales de los objetos representados.

4.   **Dimensiones:** las dimensiones son medidas en la geometría que describen la extensión de un objeto dentro del espacio geométrico. Por ejemplo, un punto tiene cero dimensiones, una línea tiene una dimensión (largo), un plano tiene dos dimensiones (largo y ancho) y un volumen tiene tres dimensiones (largo, ancho y altura). Las dimensiones adicionales más allá de tres se pueden concebir matemáticamente pero son difíciles de visualizar.

5.   **Distancia:** la distancia es una medida de la longitud entre dos puntos en el espacio geométrico. En el plano, la distancia más comúnmente usada es la distancia euclidiana, que se puede calcular usando el teorema de Pitágoras. En espacios de mayor dimensión, esta fórmula se generaliza para incluir más términos dependiendo del número de dimensiones.

6.   **Magnitud:** en geometría, la magnitud se refiere a la medida o tamaño de un objeto o entidad geométrica. Puede ser aplicada a diferentes aspectos geométricos como la longitud de un segmento de línea, el área de una superficie, o el volumen de un cuerpo tridimensional. La magnitud es un atributo cuantitativo que describe cuánto de algo existe desde el punto de vista geométrico. Por ejemplo, en un vector, la magnitud se refiere a la longitud del vector en el espacio, calculada a menudo mediante el teorema de Pitágoras para determinar la distancia desde el origen hasta el punto terminal del vector en un sistema de coordenadas.

A veces, intentaba imaginarse a sí mismo desde diferentes **perspectivas**[7]. Pero, ¿cómo podría hacerlo si él era solo un punto? La perspectiva, después de todo, requería al menos dos puntos para definir una línea y dar un sentido de dirección. Y en su mundo unidimensional, la noción de "línea" era tan incomprensible como un sueño imposible de alcanzar.

A pesar de su aparente limitación, Pixel era persistente. Con el tiempo, comenzó a comprender conceptos fundamentales. Reflexionaba sobre sí mismo, la definición de un punto. "Un punto", se decía, "es una posición en un sistema. No tiene tamaño, **área**[8], longitud ni volumen. Es simplemente una ubicación".

Pixel estaba vivo, su corazón latía e irradiaba calor en derredor de sí, Píxel notó que a pesar de la inmensidad del vacío cósmico, alrededor de su piel había surgido un **entorno**[9] propio.

Esta realización lo llevó a un entendimiento más profundo: él era la encarnación de una **coordenada**[10], la definición misma de posición, "la parte indivisible más pequeña de la materia, la esencia ser y estar".

7.   **Perspectiva:** en geometría, la **perspectiva** es una técnica utilizada para representar objetos tridimensionales en una superficie bidimensional de tal forma que refleje las proporciones y relaciones espaciales tal como serían percibidas visualmente. Este método es fundamental en campos como el dibujo técnico y la arquitectura, permitiendo una visualización realista de espacios en un plano. Tipos principales de perspectiva:
     A-Perspectiva cónica: se proyecta el objeto tridimensional desde un punto de vista determinado, llamado foco. Se usan uno o más puntos de fuga. Los objetos parecen reducir su tamaño y converger hacia estos puntos a medida que se alejan del observador.
     B-Perspectiva axonométrica: se proyecta el objeto tridimensional a través de líneas paralelas, oblicuas al plano de proyección. Los tipos principales son isométrica, dimétrica y trimétrica, dependiendo de los ángulos entre ejes.
8.   **Área:** el área es una medida de la extensión de una superficie bidimensional cerrada. Se expresa en unidades cuadradas (como metros cuadrados, kilómetros cuadrados, etc.). El área puede ser calculada para diversas figuras planas como rectángulos, triángulos, círculos y otras formas más complejas mediante fórmulas específicas. Por ejemplo, el área de un rectángulo se calcula como el producto de su base por su altura, mientras que el área de un círculo se determina usando la fórmula πr^2, donde r es el radio del círculo. El cálculo del área es fundamental en muchos campos, incluyendo la arquitectura, la ingeniería y la geografía.
9.   **Entorno:** en topología, el entorno de un punto P se define como la región que contiene todos los puntos que están a una distancia menor que un valor específico ε del punto P. Formalmente, es el conjunto de todos los puntos Q tales que $d(P,Q)<\varepsilon$, donde d representa la distancia entre los puntos.
10. **Coordenada:** en geometría, una coordenada es un número que identifica de manera única la posición de un punto o un objeto en un espacio. Las coordenadas son fundamentales para

En medio de sus meditaciones, Pixel sintió un impulso, una chispa de conocimiento. Si un punto define una posición y dos puntos pueden definir una dirección... ¿podría él, de alguna manera, conocer esa dirección? Esta pregunta lo llenó de esperanza y determinación. Estaba decidido a descubrir más sobre su existencia y sobre el vasto universo geométrico que intuía que existía, más allá de su limitada percepción.

Aunque el capítulo de Pixel en el Mundo Punto estaba llegando a su fin, su viaje apenas estaba comenzando. La semilla del conocimiento geométrico había sido plantada, y estaba listo para emprender su odisea hacia el descubrimiento[11].

describir la ubicación de cualquier punto en un sistema de coordenadas. Tipos de sistemas de coordenadas:

1. **Coordenadas cartesianas:** es el sistema bidimensional más común, donde cada punto en el plano se identifica por un par ordenado (x, y). Este sistema se basa en dos líneas perpendiculares (normalmente llamadas ejes X y Y) que se intersectan en un punto llamado origen. Las coordenadas miden la distancia a los ejes en perpendicular. En tres dimensiones, se añade un tercer eje (Z), y los puntos se identifican por un trío ordenado (x, y, z).

2. **Coordenadas polares:** en este sistema, un punto en el plano se identifica por un ángulo y una distancia respecto a un punto central (el origen). Las coordenadas de un punto serían (r, θ), donde r es la distancia desde el origen hasta el punto, y θ es el ángulo medido desde una dirección de referencia.

3. **Coordenadas cilíndricas y esféricas:** estas son extensiones de las coordenadas polares en tres dimensiones. En coordenadas cilíndricas, los puntos se describen por una distancia radial, un ángulo alrededor de un eje central, y una altura sobre el plano base. En coordenadas esféricas, cada punto se describe por una distancia desde un punto central (el origen), un ángulo desde el eje vertical, y un ángulo desde una dirección de referencia horizontal.

11. Bibliografía Recomendada
- Alsina, C., & Nelsen, R. (2007). *Cuando menos es más: Un enfoque matemático a la simplicidad visual y la claridad numérica*. Nivola.
- Bravo, A. (2009). *Geometría Analítica*. Grupo Editorial Patria.
- De la Fuente, J., Rubio, M., & Fernández, T. (2012). *Geometría Descriptiva*. Editorial Donostiarra.
- Greenberg, M. J. (2008). Euclidean and Non-Euclidean Geometries: Development and History (4th ed.). W. H. Freeman.
- Metzger, P. (2007). The Art of Perspective: The Ultimate Guide for Artists in Every Medium. North Light Books.
- Pedoe, D. (1988). Geometry: A Comprehensive Course. Dover Publications.
- Valenzuela, J. (2016). *Geometría con aplicaciones y solución de problemas*. Pearson.

Capítulo 2

Despertar a la línea

Tras una eternidad como punto, algo cambió en el corazón de Pixel. Una energía desconocida, un zumbido que crecía y crecía, lo llenó de una sensación indescriptible. Y en un acto de pura voluntad y deseo de conocer, Pixel se **estiró**[12]. Ya no era una mera posición en el espacio; ahora tenía extensión y dirección. Se había **transforma-do**[13] en una **línea**[14]. Al fin, su corta vida se alargaba con visos de infinitud y surgía una doble esperanza. Podía moverse a través de ella y albergó deseos de **velocidad**[15], primero, y de **progresión**[16], después. Pixel sintió el vértigo dinámico de la **recta**[17] y emprendió su camino iniciático a través del espacio sideral.

12. **Estirar:** en geometría computacional, un estiramiento es un tipo de transformación lineal que escala las dimensiones de un objeto en una o más direcciones. Es decir, aumenta o disminuye las longitudes de los segmentos según un factor de escala específico, sin alterar las propiedades de colinealidad de los puntos.
13. **Transformación**: una transformación geométrica es una operación que mueve o cambia la forma de puntos, líneas, y figuras en un plano o espacio siguiendo una serie de condiciones geométricas. Incluye rotaciones, traslaciones, homologías, simetrías o escalados.
14. **Línea**: una línea en geometría es un objeto unidimensional infinito compuesto de una serie infinita de puntos extendidos en ambos sentidos. Las líneas pueden ser rectas o curvas, y son fundamentales en la construcción y comprensión de formas geométricas.
15. **Velocidad:** la velocidad se refiere al cambio de la posición de un punto en el espacio con respecto al tiempo. Se mide en metro por segundo.
16. **Progresión:** en geometría, una progresión es una secuencia ordenada de números o figuras geométricas que siguen una regla específica de formación. Por ejemplo, una progresión aritmética tiene una diferencia constante entre términos sucesivos, mientras que una progresión geométrica tiene una razón constante entre términos sucesivos.
17. **Recta:** en geometría, una recta es una línea infinita y sin grosor que se extiende en ambos sentidos sin curvarse. Se puede definir por dos puntos distintos, y contiene todos los puntos que están alineados entre ellos y más allá en ambos sentidos.

El universo alrededor de Pixel comenzó a tomar una nueva **forma**[18]. Ya no era un mero punto en un vasto **vacío**[19]. Ahora tenía un comienzo y un final, un sentido y una dirección[20]. Podía moverse hacia adelante y hacia atrás. La idea de "lugar" tomó un nuevo significado. Antes, simplemente existía; ahora, podía viajar.

Con su nuevo ser, Pixel empezó a experimentar. Descubrió que al moverse, podía cubrir distancias. Esta "distancia" era un concepto que nunca antes había entendido. Reflexionando sobre ello, se dio cuenta de que había descubierto la "**longitud**"[21]. Estaba fascinado por cómo podía medirse[22], cómo podía compararse un segmento de sí mismo con otro.

18. **Forma**: la forma se refiere a la apariencia externa o el contorno de un objeto en el espacio, definido por sus bordes o superficies. En geometría, las formas pueden ser simples como círculos y cuadrados o más complejas.
19. **Vacío**: el vacío puede referirse a la ausencia de materia dentro de un contorno o límite específico, esencialmente el espacio interno de una forma que no contiene puntos, líneas, o superficies.
20. **Dirección**: en geometría, la dirección se refiere a la orientación de un punto respecto a otro en el espacio, o la orientación de una línea en relación con un plano o un sistema de coordenadas. Las direcciones pueden ser especificadas usando ángulos, vectores o mediante la relación entre dos puntos o líneas. Por ejemplo, en un plano cartesiano, la dirección de una línea puede ser descrita por la pendiente de la línea.
21. **Longitud:** la longitud es la medida de una dimensión lineal de un objeto, desde un punto a otro. Es un concepto fundamental para medir distancias y tamaños de segmentos de línea y otras formas geométricas.
22. **Medir**: medir en geometría implica determinar la longitud, área, volumen, o cualquier otra dimensión cuantitativa de objetos geométricos usando unidades estándar o mediante herramientas matemáticas y físicas.

Mientras se desplazaba, Pixel comenzó a percibir diferencias en la longitud. "¡Esto es matemáticas!", pensó. Comenzó a dividirse en **segmentos**[23] iguales[24], contando y midiendo. Pronto, pudo entender ideas como el medio, el tercio o el cuarto de su longitud total[25]. Con el tiempo, comenzó a experimentar con **fórmulas**[26] y **proporciones**[27], siempre tratando de comprender más sobre su nueva condición.

Pero no todo fue un descubrimiento jubiloso. Con la longitud vino una nueva sensación: la soledad. A diferencia de cuando era un punto, donde la soledad era todo lo que conocía, ahora sentía la vastedad del espacio que lo rodeaba. Ansiaba encontrar otro punto o línea con quien compartir sus descubrimientos y experiencias.

23. **Segmento**: un segmento de línea es una parte de una línea que está limitada por dos puntos, llamados puntos finales. El segmento incluye todos los puntos de la línea entre estos dos extremos.
24. **Teorema de Tales**: este teorema es uno de los fundamentos de la geometría y afirma que, si en un triángulo se traza una línea paralela a cualquiera de sus lados, se obtiene un triángulo que es semejante al triángulo dado. Este principio es ampliamente utilizado para demostrar propiedades de semejanza en triángulos y para resolver problemas que involucran proporciones.
25. **Razón matemática**: en geometría, una razón matemática indica una relación de proporción entre dos cantidades geométricas. Es la expresión de una cantidad con respecto a otra y se utiliza frecuentemente para comparar longitudes, áreas, volúmenes, y otros atributos geométricos. Por ejemplo, la razón entre la longitud de dos lados de un rectángulo, o la razón entre el área de dos figuras similares.
26. **Fórmula**: una fórmula es una expresión matemática que se utiliza para calcular atributos de figuras geométricas, como área, volumen, perímetro, o longitud.
27. **Proporción**: la proporción es la relación de similitud en tamaño, forma o cantidad entre partes de un todo o entre dos o más objetos. En geometría, las proporciones son utilizadas para describir las relaciones y mantener la escala en transformaciones y comparaciones de formas y tamaños.

Este capítulo en la vida de Pixel estuvo marcado por una dualidad. Por un lado, la euforia de la expansión y el descubrimiento, y por otro, el anhelo de conexión y comunidad. Sin embargo, su sed de conocimiento seguía siendo insaciable, y estaba decidido a seguir explorando y entendiendo el maravilloso mundo geométrico en el que había despertado[28].

28. Bibliografía, orden de citación dentro del texto.
   • Hefferon, J. (2020). Linear Algebra. Orthogonal Publishing L3C.
   • Smith, N. (2015). The Science of Measurement: A Historical Survey. Dover Publications. .
   • Euclides. (ca. 300 a.C.). Elementos. (T. L. Heath, Traductor, 1956). Dover Publications.
   • Huntley, H. E. (1970). The Divine Proportion: A Study in Mathematical Beauty. Dover Publications.
   • Livio, M. (2002). The Golden Ratio: The Story of PHI, the World's Most Astonishing Number. Broadway Books.
   • Ghyka, M. (1977). The Geometry of Art and Life. Dover Publications.

Capítulo 3

La expansión al plano

Mientras Píxel se desplazaba como una línea, sintiendo la vastedad del espacio y la soledad que conlleva, una vibración distante llamó su atención. No estaba solo en este universo de direcciones y distancias. Otra línea, **paralela**[29] y tan curiosa como Píxel, se desplazaba en la misma dirección.

Al acercarse, algo extraordinario ocurrió. Un impulso, un tirón magnético, las atrajo una hacia la otra. En un instante, las dos líneas se conectaron, ensanchándose mutuamente. Lo que antes era solo longitud, ahora también tenía anchura[30]. Pixel ya no era solo una línea; había evolucionado a un **Plano**[31].

---

29. **Paralelismo**: en geometría, dos elementos bidimensionales (tales como líneas o vectores) son paralelos si, formando parte de un mismo plano no se intersectan, no importa cuánto se extiendan. Dos planos son paralelos cuando no se intersectan al prolongarlos. Esta relación se define a menudo por la igualdad de sus ángulos direccionales o por la proporcionalidad de sus componentes vectoriales.
    Ortogonalidad: dos elementos son ortogonales si forman un ángulo recto (90 grados) entre sí. En espacios vectoriales, esto implica que su producto escalar es cero.
30. **Grosor de línea**: en el contexto geométrico, el grosor de una línea se refiere al ancho visual o perceptible de la línea, a menudo idealizado como cero en teoría pura pero considerado en aplicaciones prácticas como el dibujo técnico o el diseño gráfico.
31. **Plano**: un plano es una superficie bidimensional infinitamente extendida definida al menos por tres puntos no colineales en el espacio. En álgebra lineal, un plano también puede ser descrito por una ecuación lineal $ax + by + cz = d$, donde a, b, y c no son todos cero.

El mundo alrededor de Pixel se expandió de maneras que nunca había imaginado. No solo podía moverse hacia adelante y hacia atrás, sino también de lado a lado. La noción de "**área**" nació en su conciencia. Comenzó a entender que ahora ocupaba un **espacio bidimensional**[32], y que ese espacio tenía propiedades y características que podía medir y explorar.

Emocionado por este nuevo descubrimiento, Pixel se sumergió en los misterios del área. Empezó por **dividir su superficie**[33] **en cuadrados, rectángulos**[34] y triángulos, calculando las dimensiones y proporciones de cada uno. Pronto comprendió conceptos como base, altura y diagonal. Las matemáticas se volvieron más complejas y ricas, y Pixel se deleitó en cada nueva revelación.

Cada figura le revelaba no solo el rigor de la pertenencia matemática, sino también el sentido de posesión personal. En cada cuadrado y triángulo, Pixel veía reflejada su identidad, entendiendo que esas formas eran tanto suyas como del universo que las contenía. Así, entre la certeza de pertenecer y la emoción de poseer, Pixel encontró una armonía sublime, una danza infinita de formas que conectaban su ser con la inmensidad geométrica, convirtiendo el **dominio**[35] de cada figura en una extensión de su propio ser.

Esta sensación de pertenencia y de posesión cohesionó a los píxeles de aquel mundo; unos alineados, otros separados y cada grupo compartía la afinidad a su propio conjunto formal de aficiones e intereses.

32. **Espacio bidimensional**: un espacio que tiene dos dimensiones, como un plano. En este espacio, cada punto puede ser descrito por un par ordenado de números (x, y), que representan coordenadas en un sistema cartesiano.
33. **Superficie**: una superficie es una variedad bidimensional que puede ser plana (como un plano) o curva (como una esfera o un cilindro). En matemáticas, las superficies son estudiadas en el contexto de la geometría diferencial y topología.
34. **Rectángulo**: un cuadrilátero con cuatro ángulos rectos y lados opuestos iguales y paralelos. Los rectángulos son un caso especial de paralelogramos y son estudios fundamentales en geometría euclidiana.
35. **Dominio**: es un conjunto abierto en el que cualesquiera dos puntos están unidos mediante una línea poligonal.

A medida que exploraba su nuevo mundo bidimensional, también comenzó a encontrar otras figuras. Algunas eran **regulares**[36] y **simétricas**[37], como los **hexágonos**[38] y **octógonos**[39], mientras que otras eran más **irregulares**[40] y únicas. Cada una de estas formas le enseñaba algo nuevo sobre geometría y relaciones espaciales.

No obstante, a pesar de su ampliado **horizonte**[41], Pixel sentía una cierta limitación que le empezó a inquietar e incluso le despertó un sentimiento de claustrofobia. Su plano era infinitamente extenso pero pegajoso. Por más que lo intentaba no lograba despegar y volar por encima de él. Ni siquiera podía saltar fuera de él. Además su percepción de las otras formas contenidas en aquel plano se limitaba a un punto de vista muy pobre: *si un amigo —miembro del plano— se acercaba más a Píxel, tan sólo veía un "segmento" que se hacía mayor; si se alejaba, se hacía más pequeño; pero de todos modos parecía una línea recta, fuese el amigo un triángulo, un cuadrado, un pentágono, un hexágono, un círculo, lo que queráis parecía una línea recta y nada más*[42].

36. **Figuras regulares**: también conocidas como polígonos regulares, son figuras geométricas cuyos lados y ángulos internos son todos iguales. Por ejemplo el cuadrado, el pentágono regular y el hexágono regular.
37. **Simetría**: en geometría, la simetría se refiere a una propiedad donde una figura es invariante bajo ciertas transformaciones, como traslaciones, rotaciones o reflexiones. La simetría puede ser axial, central, o rotacional.
38. **Hexágono**: un polígono de seis lados. Un hexágono regular tiene todos sus lados y ángulos iguales.
39. **Octógono**: un polígono de ocho lados. Un octógono regular tiene todos sus lados y ángulos iguales.
40. **Figuras irregulares**: polígonos que no tienen lados ni ángulos iguales.
41. **Línea de horizonte en perspectiva cónica**: en el dibujo en perspectiva cónica, la línea de horizonte es una línea horizontal imaginaria que representa el nivel del ojo del observador y el punto en el cual las líneas horizontales de perspectiva convergen. Este concepto es crucial para determinar cómo los objetos son vistos en relación a la posición del observador y su ángulo de visión.
42. Este párrafo está extraído del libro *Flatland: A Romance of Many Dimensions*, una de las principales inspiraciones para *Crónicas de las formas*, un libro que transformó mi percepción del espacio.

Píxel anhelaba con todas sus fuerzas planear por el aire, por encima del plano, para ganar diferentes puntos de vista desde fuera del plano. Empezó a preguntarse si habría aún más dimensiones por descubrir, más profundidades en el vasto océano de la geometría, aunque para ello, todavía le quedaría mucho mundo bidimensional por descubrir.

El tercer capítulo en la vida de Pixel estuvo lleno de expansión y descubrimiento. Aunque ahora tenía una mejor comprensión de su mundo y de sí mismo, sabía en su corazón que su viaje estaba lejos de terminar. La geometría, después de todo, es infinita. Y Pixel estaba listo para explorar cada rincón de ella[43].

43.   Bibliografía recomendada.
- **Kolman, B. (2004).** Geometría Euclidiana Plana y del Espacio. Editorial Limusa.
- **Lay, D. C. (2012).** *Álgebra lineal y sus aplicaciones*. Pearson Educación.
- **Bertoline, G. R., Wiebe, E. N., Hartman, N. W., & Ross, W. A. (2011).** *Fundamentals of Graphics Communication*. McGraw-Hill.
- **Strang, G. (2016).** *Cálculo*. Wellesley-Cambridge Press.
- **Stewart, J. (2015).** *Cálculo: Trascendentes tempranas*. Cengage Learning.
- **Gray, A. (2006).** *Modern Differential Geometry of Curves and Surfaces with Mathematica*. CRC Press.
- **Weyl, H. (1952).** *Symmetry*. Princeton University Press.
- **Pedoe, D. (1988).** *Geometry: A Comprehensive Course*. Dover Publications.
- **Stewart, I. (2001).** *Flatterland: Like Flatland, Only More So*. Perseus Publishing.
- **Blinn, J. F. (1996).** *Jim Blinn's Corner: A Trip Down the Graphics Pipeline*. Morgan Kaufmann.
- **Abbott, E. A. (1884).** *Flatland: A Romance of Many Dimensions*. London: Seeley and Co.

Parte II
La evolución de las formas

Capítulo 4

El nacimiento del contorno y los polígonos

Mientras Pixel se desplazaba por el plano, comenzó a percibir un fenómeno nuevo y emocionante: el entrecruzamiento de líneas. Estas **intersecciones**[44] daban lugar a **formas cerradas**[45], delineadas por un borde continuo. En un destello de comprensión, Pixel entendió el concepto de "**contorno**"[46].

Este descubrimiento abrió un mundo completamente nuevo para él. Ya no estaba simplemente ocupando un espacio bidimensional; ahora podía definir y delimitar ese espacio. Al experimentar con diferentes intersecciones, comenzó a formar polígonos básicos: **triángulos**[47], **cuadrados**[48], **pentágonos**[49]. Cada forma nueva le enseñaba algo diferente.

---

44. **Intersecciones**: el punto o puntos donde dos o más líneas, curvas o superficies se cruzan.
45. **Formas cerradas**: figuras geométricas cuyas líneas de borde se unen completamente, formando un espacio interior definido sin huecos ni aberturas.
46. **Contorno**: la línea o borde exterior que define y delimita una figura o forma geométrica.
47. **Triángulo**: una figura geométrica formada por tres lados y tres ángulos. Los triángulos son clasificados según la longitud de sus lados (escaleno, isósceles, equilátero) o sus ángulos internos (agudo, rectángulo, obtuso).
48. **Cuadrados**: cuadriláteros con cuatro lados iguales y cuatro ángulos rectos (cada uno de 90 grados).
49. **Pentágonos**: polígonos de cinco lados y cinco vértices. En un pentágono regular, todos los lados y ángulos son iguales, con los ángulos interiores sumando 540 grados.

Con el triángulo, Pixel comprendió la esencia de los **ángulos**[50] y cómo tres de ellos podían sumar 180 grados en un espacio plano. Al explorar el cuadrado, descubrió la belleza de los **lados iguales**[51] y los **ángulos rectos**[52]. Con cada nuevo **polígono**[53], su comprensión sobre lados, **vértices**[54] y ángulos se profundizó.

A medida que añadía más lados a sus polígonos, las matemáticas detrás de estas formas se volvieron más intrincadas. Pixel comenzó a experimentar con fórmulas para calcular el área y el **perímetro**[55], y también se sumergió en la relación entre el número de lados de un polígono y la **suma de sus ángulos interiores**[56]. Su mente se llenaba de **ecuaciones**[57] y **teoremas**[58], cada uno más fascinante que el anterior. Una forma quedaba definida por sus límites y también por las reglas internas que regulaban las relaciones de sus partes entre sí.

50. **Ángulos**: la figura formada por dos líneas que se encuentran en un punto común llamado vértice. Se mide en grados.
51. **Lados iguales**: segmentos de línea en una figura geométrica que tienen la misma longitud.
52. **Ángulos rectos**: ángulos de 90 grados. Se forman cuando dos líneas son perpendiculares entre sí.
53. **Polígono**: figura geométrica plana delimitada por una secuencia de segmentos de línea que se unen en extremos llamados vértices, formando una forma cerrada.
54. **Vértices**: puntos donde se encuentran dos o más segmentos de línea o aristas en una figura geométrica.
55. **Perímetro**: la longitud total del borde o contorno de una figura geométrica cerrada.
56. **Suma de sus ángulos interiores de polígono**: en un polígono con nn lados, la suma de sus ángulos interiores se calcula con la fórmula $(n-2)\times180(n-2)\times180$ grados.
57. **Ecuación:** en geometría, una ecuación es una expresión matemática que establece una relación de igualdad entre dos expresiones algebraicas. Estas ecuaciones pueden describir propiedades y relaciones geométricas, como la ecuación de una recta o la ecuación de un círculo.
58. **Teorema:** en geometría, un teorema es una proposición o afirmación que ha sido probada como verdadera a través de un proceso lógico de demostración, basado en axiomas y otros teoremas previamente establecidos. Un ejemplo clásico es el Teorema de Pitágoras.

Los polígonos también le enseñaron sobre simetría y **asimetría**[59], regularidad e irregularidad. Comenzó a jugar con formas que tenían lados de diferentes longitudes y ángulos de diferentes magnitudes. Estas exploraciones lo llevaron a reflexionar sobre la estética de aquellas formas y cómo la geometría era tanto una ciencia como un arte.

Píxel descubrió que los contornos eran mágicos, capaces de separar y nombrar partes del universo. Nombró **continentes**[60], descubrió **fronteras**[61] naturales y creo otras artificiales para clasificar y poder comprender el mundo. Al otro lado de esa frontera, halló mundos parecidos, habitados por otros Píxeles que, con acentos diversos, compartían el mismo lenguaje geométrico. Era un universo de formas y nombres, donde cada línea trazada era un puente hacia nuevos descubrimientos y conexiones infinitas.

---

59. **Asimetría**: la falta de simetría en una figura o forma geométrica. Esto significa que no hay una correspondencia exacta en tamaño, forma y posición de las partes de la figura respecto a un punto, línea o plano.
60. **Continente**: puede interpretarse como una región que contiene completamente a otra. En topología, se podría hablar de un conjunto que es un "recubrimiento" o un "espacio contenedor", refiriéndose a un espacio que contiene a otro como un subconjunto.
61. **Frontera**: en geometría, la frontera de un conjunto es el conjunto de puntos que marcan el límite entre el interior y el exterior de dicho conjunto. Estos puntos no pertenecen exclusivamente ni al interior ni al exterior, sino que se encuentran en el borde. Por ejemplo, la frontera de un círculo incluye todos los puntos en el perímetro del círculo.

El capítulo del contorno y los polígonos fue uno de los más transformadores en la vida de Pixel. Ya no era solo una entidad que ocupaba espacio; ahora era un maestro del espacio, moldeándolo y definiéndolo a su antojo. Sin embargo, con cada nuevo descubrimiento, surgían aún más preguntas. ¿Qué más secretos guardaba el universo geométrico? Pixel estaba más decidido que nunca a descubrirlo[62].

62. Bibliografía recomendada.
    - Larson, R., & Edwards, B. H. (2010). *Cálculo*. McGraw-Hill Interamericana.
    - Stewart, J. (2015). *Cálculo: Trascendentes tempranas*. Cengage Learning.
    - Farin, G. (2002). *Curves and Surfaces for CAGD: A Practical Guide*. Morgan Kaufmann.
    - Katz, V. J. (2008). *A History of Mathematics: An Introduction*. Addison-Wesley.
    - Pedoe, D. (1988). *Geometría: Un curso completo*. Dover Publications.
    - Gardner, M. (2001). *Mathematical Carnival: From Penny Puzzles, Card Shuffles, and Tricks of Lightning Calculators to Roller Coaster Rides into the Fourth Dimension*. Mathematical Association of America.
    - Khan, S. (2012). *El Mundo de las Matemáticas*. Editorial Selector.

Capítulo 5
La Era de la Retícula y las Transformaciones Topológicas

Mientras Pixel continuaba su viaje por el vasto plano, comenzó a notar algo intrigante. Si colocaba polígonos de **forma uniforme**[63] y sistemática, surgía un **patrón**[64]. La **repetición**[65] y la **estructura**[66] de estos patrones le fascinaron, llevándolo a formar lo que él denominó "**Retícula**"[67].

---

63. **Forma uniforme**: figura geométrica donde todas sus partes tienen la misma forma y tamaño, manteniendo la misma proporción y disposición en toda su extensión.
64. **Patrón**: configuración repetida de formas, líneas o colores en una secuencia regular y predecible dentro de un espacio determinado.
65. **Repetición**: acción de reproducir una figura, forma o patrón varias veces en una disposición ordenada o en serie.
66. **Estructura**: disposición y relación entre las partes de una figura o forma geométrica que le dan su forma y estabilidad.
67. **Retícula**: conjunto de líneas que se cruzan en ángulos rectos formando una red de celdas o cuadrículas uniformes.

La retícula era como un ajedrez infinito, un campo de juego donde cada celda tenía su lugar y su función. Sin embargo, a diferencia de los polígonos estáticos con los que había experimentado anteriormente, la retícula parecía tener vida propia. Pixel pronto se dio cuenta de que podía manipularla de maneras sorprendentes.

Las primeras transformaciones que experimentó fueron lineales. Comenzó por "escalar"[68] la retícula, aumentando o disminuyendo su tamaño mientras mantenía su forma original. Luego, "rotó"[69] la retícula, girándola en diferentes ángulos para ver cómo se comportaba. Después experimentó con el "sesgado"[70], inclinando las celdas de la retícula de maneras que desafiaban su percepción inicial de la geometría.

Píxel comprendió el poder de las retículas para ubicar a otros y planear movimientos ortogonales en el plano, hallando en ellas una fuente de seguridad. Con esta nueva habilidad, aprendió a transformar la realidad, deformándola a través de retículas con sesgos, giros y proyecciones. Cada cuadrícula se convirtió en un lienzo de posibilidades, donde las estrategias y las transformaciones geométricas danzaban en un ballet de precisión y creatividad.

---

68. **Escalar**: transformación que aumenta o disminuye el tamaño de una figura geométrica de manera proporcional en todas sus dimensiones, manteniendo sus ángulos y proporciones originales.
69. **Rotar**: transformación que gira una figura geométrica alrededor de un punto fijo, llamado centro de rotación, en un ángulo específico.
70. **Sesgado**: descripción de una figura o línea que se encuentra inclinada o desviada de una dirección perpendicular u horizontal.

Pero las verdaderas revelaciones vinieron con las **transformaciones no lineales**[71]. Pixel encontró una **curva**[72] en el espacio y, con asombro, observó cómo podía hacer que la retícula **"fluyera" a lo largo de la curva**[73], adoptando una nueva forma y contorno. Esta capacidad de adaptación y fluidez le mostró a Pixel la verdadera naturaleza maleable del espacio y cómo las matemáticas podían describir y predecir estas transformaciones.

La **Topología**[74], a menudo caricaturizada por sus propiedades de "goma", revela que la continuidad y la conexión pueden dar lugar a fenómenos sorprendentes, donde un objeto puede transformarse continuamente en otro sin que se rompa ni se separe. Nos invita a considerar que la esencia de una forma puede perseverar incluso cuando su estructura se altera profundamente.

71. **Transformaciones no lineales**: transformaciones que alteran una figura geométrica de una manera que no puede describirse con operaciones lineales (como traslación, rotación o escala), e incluyen deformaciones como estiramientos, compresiones y doblados no uniformes.
72. **Curva**: línea suave y continua que no es recta, y puede tener una forma abierta o cerrada, describiendo una trayectoria en el espacio.
73. **Fluir a lo largo de la curva**: transformación geométrica en la que un objeto geométrico se adapta a la geometría de una curva, alterando su forma mediante estiramientos, compresiones y escalados a lo largo de la trayectoria de la curva, de manera que sus puntos se distribuyen conforme a la forma y dirección de dicha curva. Esto implica que el objeto inicial cambia de forma para seguir la curvatura y la longitud de la curva, manteniendo una correspondencia continua con su estructura original.
74. **Topología**: rama de la geometría que estudia las propiedades de las figuras que permanecen invariantes bajo deformaciones continuas como estiramientos y torsiones, sin considerar medidas precisas de ángulos o distancias.

Mientras exploraba estas transformaciones topológicas, Pixel también se sumergió en el estudio matemático de las mismas. Aprendió sobre **vectores**[75] y **matrices**[76], y cómo podían ser utilizados para representar y calcular transformaciones en el plano. Las ecuaciones que anteriormente le parecían simples y directas, ahora tomaban formas mucho más complejas y profundas, ofreciendo un nivel de comprensión que nunca había imaginado.

Este capítulo en la vida de Pixel fue uno de madurez y refinamiento. Había pasado de ser un simple punto a controlar y transformar el espacio a su alrededor. Las retículas y transformaciones topológicas le habían mostrado que el universo geométrico no solo era vasto, sino también dinámico y en constante cambio. Y con cada nueva revelación, Pixel se acercaba un paso más a comprender el verdadero tejido de la realidad[77].

75. **Vectores**: segmento de recta orientado en el espacio euclídeo. Tiene magnitud y dirección, representadas geométricamente por segmentos de línea con una flecha que indica su dirección.
76. **Matriz**: conjunto bidimensional de números o elementos organizados en filas y columnas, utilizado en geometría para representar transformaciones lineales y otros cálculos.
77. Bibliografía recomendada.
    - **Stewart, I. (2007).** *Cartas a una joven matemática*. Antoni Bosch Editor.
    - **Senechal, M. (2013).** *La simetría y la forma: Mitos, significados y métodos.* Universidad Nacional Autónoma de México.
    - **Alexander, C. (1977).** *Una ciudad no es un árbol.* Gustavo Gili.
    - **Elam, K. (2007).** *La retícula: Un marco para el diseño gráfico.* Gustavo Gili.
    - **Lay, D. C. (2012).** *Álgebra lineal y sus aplicaciones.* Pearson Educación.
    - **Bronstein, I. N., & Semendyayev, K. A. (2013).** *Guía de bolsillo de matemáticas.* McGraw-Hill.
    - **Gray, A. (2006).** *Modern Differential Geometry of Curves and Surfaces with Mathematica.* CRC Press.
    - **Munkres, J. R. (2000).** *Topología.* Prentice Hall.

Capítulo 6

El encanto de las curvas

Después de manipular y transformar el espacio con retículas, Pixel sentía un anhelo por algo diferente, algo que desafiara su comprensión lineal del mundo. Y así, en un giro de exploración, se encontró con las curvas.

Al principio, eran simples. Eran las **Curvas de segundo grado**[78]: parábolas[79], **hipérbolas**[80], **elipses.**[81] Pixel se deslizaba a lo largo de estas formas, sintiendo por primera vez en mucho tiempo una sensación de asombro genuino. Estas curvas le mostraban cómo el espacio podía ser **suave**[82] y fluido, cómo las líneas podían cambiar de dirección sin ángulos bruscos.

---

78. **Curvas de segundo grado**: curvas definidas por ecuaciones cuadráticas (de segundo grado) en dos variables. Incluyen circunferencias, parábolas, elipses e hipérbolas
79. **Parábolas**: curvas planas definidas por una ecuación cuadrática de la forma $y=ax2+bx+cy=ax2+bx+c$. Se caracterizan por tener un único foco y una directriz, y su forma es similar a una "U" o una "n".
80. **Hipérbolas**: curvas abiertas con dos ramas simétricas, definidas por una ecuación de la forma $x2a2-y2b2=1a2x2-b2y2=1$. Tienen dos focos y dos directrices, y se asemejan a dos parábolas opuestas.
81. **Elipses**: curvas cerradas y ovaladas definidas por una ecuación de la forma $x2a2+y2b2=1a2x2 +b2y2=1$. Tienen dos focos y una constante suma de distancias desde cualquier punto de la elipse a los focos.
82. **Suave (smooth)**: curva o superficie sin puntos angulosos ni discontinuidades, teniendo una derivada continua.

Estudió las ecuaciones detrás de estas curvas, familiarizándose con términos como **focos**[83], **directrices**[84]y **ejes**[85]. A través de las matemáticas, comenzó a entender la relación entre las **constantes**[86] y **coeficientes**[87], y la forma y **orientación de las curvas**[88]. Cada curva tenía su propia personalidad, su propia historia que contar, y Pixel se deleitaba al descifrarlas.

Sin embargo, las curvas de segundo grado fueron solo el comienzo. A medida que avanzaba, se encontró con **curvas de grados superiores**[89]. Estas curvas eran aún más complejas y variadas, con **bucles**[90], giros y formas inesperadas que desafiaban la intuición. Las **curvas de Lissajous**[91], por ejemplo, bailaban y se entrecruzaban de forma que parecían casi mágicas.

83. **Focos**: puntos fijos usados para definir ciertas curvas como elipses e hipérbolas. En una elipse, la suma de las distancias desde cualquier punto de la curva a los dos focos es constante. En una hipérbola, la diferencia de estas distancias es constante.
84. **Directrices**: líneas fijas asociadas con las parábolas, elipses e hipérbolas, que junto con los focos, definen la forma y posición de estas curvas.
85. **Ejes**: líneas de referencia que definen la orientación de una curva. En una elipse o hipérbola, el eje mayor es la línea que pasa por los focos y el eje menor es perpendicular a ella en el centro de la curva.
86. **Constantes**: valores fijos que aparecen en las ecuaciones de las curvas, determinando sus propiedades y forma.
87. **Coeficientes**: números que multiplican las variables en una ecuación algebraica, influyendo en la forma y posición de la curva.
88. **Orientación de las curvas**: dirección o disposición de una curva en el plano o en el espacio, determinada por su ecuación y la disposición de sus elementos (ejes, focos, etc.).
89. **Curvas de grados superiores**: curvas definidas por ecuaciones polinómicas de grado mayor que dos.
90. **Bucles**: partes de una curva que se curvan y se cruzan a sí mismas formando una figura cerrada o una vuelta.
91. **Curvas de Lissajous**: curvas definidas por las ecuaciones paramétricas $x=A\sin(at+\delta)$ $x=A\sin(at+\delta)$ y $y=B\sin(bt)y=B\sin(bt)$, donde AA, BB, aa, bb y $\delta\delta$ son constantes. Estas curvas muestran complejas formas dependiendo de las relaciones entre aa y bb.

Mientras exploraba estas curvas, Pixel profundizó en el estudio matemático de las mismas. Aprendió sobre **polinomios**[92] y cómo sus **grados**[93] afectaban la forma y el comportamiento de las curvas. También se adentró en el cálculo, utilizando derivadas e integrales para analizar y comprender las propiedades de estas formas fascinantes.

Píxel comenzó a deslizarse por las suaves pendientes de las lomas y cerros del paisaje, disfrutando como un niño de la estética de la velocidad, la inercia, y el suave deslizamiento por las laderas, así como de la frenética caída por toboganes o acantilados con formas hiperbólicas. Descubrió un parque de atracciones llamado *Curvas Cónicas*, donde aprendió a girar en torno a sí mismo y a otros Píxeles. Incluso comprendió que todo su mundo giraba en torno a una estrella brillante, aunque al principio creyó que era la estrella la que giraba. ¡Qué raro y maravilloso era ese mundo!

Este capítulo fue un recordatorio para Pixel de la belleza inherente de la geometría. Las curvas, con su suavidad y complejidad, le mostraron que el espacio no siempre es rígido y predecible. A veces es flexible y sorprendente, y siempre, siempre es maravilloso. Con cada nueva curva y ecuación, Pixel se sentía más conectado con el tejido mismo del universo, y más emocionado por las aventuras que aún le esperaban[94].

92. **Polinomios**: expresiones algebraicas que consisten en la suma de términos, cada uno de los cuales es el producto de una constante y una variable elevada a una potencia entera no negativa.
93. **Grados de una curva**: el mayor exponente de la variable en la ecuación polinómica que define la curva. Por ejemplo, una parábola es una curva de grado 2, una cúbica es de grado 3, y así sucesivamente.
94. Bibliografía recomendada.
    - Thomas, G. B., & Finney, R. L. (2009). *Cálculo y geometría analítica*. Pearson Educación.
    - do Carmo, M. P. (2012). *Geometría diferencial de curvas y superficies*. Prentice Hall.
    - Bronshtein, I. N., Semendyayev, K. A., Musiol, G., & Muehlig, H. (2007). *Manual de matemáticas*. Springer-Verlag Ibérica.
    - Stewart, I. (2011). *La cuadratura del círculo*. Editorial Crítica.
    - Lang, S. (2002). *Álgebra*. Addison-Wesley.
    - Katz, V. J. (2008). *A History of Mathematics: An Introduction*. Addison-Wesley.

Parte III

Complejidades en el plano

Capítulo 7

El mundo mosaico de las teselaciones

Después de su aventura entre las curvas, Pixel comenzó a sentir un interés en cómo las formas podían interconectarse y cubrir el espacio sin dejar huecos. En una de sus exploraciones, tropezó con un fenómeno sorprendente: formas que se repetían una y otra vez, entrelazándose perfectamente para cubrir todo el plano. Estaba ante las **Teselaciones**[95].

Al principio, las teselaciones que encontró eran simples, compuestas por triángulos **equiláteros**[96], cuadrados y hexágonos. Pixel se maravilló de cómo estas formas podían repetirse infinitamente, cada una encajando con la siguiente sin solaparse ni dejar espacios vacíos. En su mente matemática, empezó a relacionar estas **teselaciones regulares**[97] con conceptos como **simetría rotacional**[98] y **traslacional**[99].

95. **Teselaciones**: patrones de figuras geométricas que se repiten sin superposiciones ni huecos para cubrir completamente una superficie plana.
96. **Equiláteros**: figuras geométricas cuyos lados tienen la misma longitud.
97. **Regulares**: polígonos cuyos lados y ángulos son todos iguales. Incluyen triángulos equiláteros, cuadrados y pentágonos regulares.
98. **Simetría rotacional**: propiedad de una figura geométrica que parece la misma después de un cierto ángulo de rotación. Por ejemplo, una figura tiene simetría rotacional de orden n si puede girarse 360/n grados y coincidir consigo misma.
99. **Simetría transicional**: propiedad de un patrón que se repite a lo largo de una dirección mediante traslaciones. Es común en patrones lineales y teselaciones.

Pero no pasó mucho tiempo antes de que Pixel encontrara teselaciones más complejas, formadas por polígonos irregulares que, aunque no tenían la misma forma, se unían en perfecta **armonía**[100]. Estas teselaciones irregulares ampliaron su comprensión sobre cómo diferentes formas pueden coexistir y complementarse en el mismo espacio.

En su viaje, Píxel descubrió que tenía propiedades comunes con otros Píxeles, como si fueran de la misma familia. Encajaban a la perfección, así que decidió crear cosas grandes con sus primos y hermanos. Juntos, se dieron cuenta de que podrían cubrir el mundo entero si quisieran. ¡Qué divertido era descubrir que con amigos y familiares se podía colaborar y hacer cosas grandiosas y emocionantes! La alegría de unirse y crear algo monumental hacía que cada día fuera una nueva aventura llena de posibilidades infinitas y emocionantes descubrimientos.

Fue en la profundidad de la geometría del plano donde Pixel, nuestro explorador del continuo geométrico, tropezó con una criatura de dimensiones y simetrías fascinantes: el **lagarto de Escher**[101], una criatura que habitaba en las teselaciones del plano. Este ser, formado de la misma sustancia que los mosaicos que habitaba, se convirtió en guía y mentor de Pixel en el arte de las teselaciones.

---

100. **Armonía**: propiedad de un conjunto de figuras geométricas o patrones que produce una sensación de equilibrio y proporción estética. En geometría, se refiere a la coherencia en la disposición y tamaño de las figuras.
101. **Lagarto de Escher**: figura basada en las teselaciones del artista M.C. Escher, donde formas de lagartos se entrelazan perfectamente para cubrir un plano sin dejar espacios.

El lagarto, con su cuerpo segmentado en perfecta armonía con los azulejos que lo rodeaban, le enseñó a Pixel cómo las formas podían ser manipuladas y ensambladas en patrones complejos, mostrándole que la geometría era mucho más que líneas y ángulos; era un lienzo para la creatividad sin límites. Pixel se maravilló ante la habilidad del lagarto para deslizarse y reflejarse en las teselaciones, creando diseños que eran a la vez **ordenados**[102] y maravillosamente artísticos.

A través de su convivencia con el lagarto de Escher, Pixel aprendió que la simetría deslizante y la reflexión no eran meras operaciones matemáticas, sino pinceladas en el arte de llenar el espacio. Estudió con avidez los secretos de los ángulos y la manera en que ciertos polígonos, por sus propiedades únicas, encajaban con tal perfección que parecían destinados a **componer**[103] el plano.

102. **Ordenados**: disposición de figuras geométricas o patrones de una manera sistemática y regular, siguiendo una regla o esquema predefinido.
103. **Componer**: acto de crear una figura geométrica o un patrón combinando varias figuras más simples siguiendo ciertas reglas o proporciones.

Cada sesión con el lagarto era una revelación: el espacio no solo podía ser subdividido y habitado, sino que podía ser transformado en una expresión de infinita creatividad. Pixel vio cómo los **mosaicos**[104] que formaban el lagarto se entrelazaban sin esfuerzo en el lienzo infinito del plano, y comprendió que la belleza podía surgir de la más rigurosa estructura matemática.

Este periodo en el viaje de Pixel iluminó una verdad fundamental: la geometría es la gramática del arte del espacio. Y en este encuentro entre la lógica de los patrones y la intuición artística, Pixel encontró la convergencia de la matemática con la estética, la prueba de que en el dominio de las formas, la lógica y la imaginación no solo se encuentran, sino que bailan juntas, entrelazadas en una coreografía eterna[105].

---

104. **Mosaicos**: patrones decorativos formados por la disposición de pequeños fragmentos (teselas) de materiales como piedra, vidrio o cerámica, de manera que forman una imagen o diseño. Geométricamente, los mosaicos suelen basarse en teselaciones y patrones repetitivos.
105. Bibliografía recomendada.
     - **Morales, M. (2010).** *Las Teselaciones regulares del plano.* Marcel Morales.
     - **Swokowski, E. W., & Cole, J. A. (2006).** *Álgebra y trigonometría con geometría analítica.*
     - **Elam, K. (2007).** *La retícula: Un marco para el diseño gráfico.* Gustavo Gili.
     - **Escher, M. C. (2003).** *El mundo de M.C. Escher.* Taschen.

Capítulo 8

Las triangulaciones y el patrón Voronoi

El viaje de Pixel a través del plano geométrico le había presentado muchas maravillas, pero nada lo preparó para lo que descubriría en un campo repleto de puntos dispersos. Estos puntos, aunque aparentemente colocados al azar, escondían secretos que Pixel estaba destinado a descifrar.

Curioso como siempre, Pixel comenzó conectando puntos cercanos, formando triángulos. Pronto, todo el campo estaba cubierto de triángulos, algunos pequeños y otros más grandes, pero todos compartiendo lados con sus vecinos. Había creado una "**triangulación**"[106] del espacio, donde cada punto era un **vértice**[107] de uno o más triángulos.

---

106. **Triangulación**: proceso de dividir una región en el plano o en el espacio tridimensional en un conjunto de triángulos (o tetraedros en 3D) de manera que no se superpongan y cubran completamente la región.
107. **Vértice**: punto donde se encuentran dos o más aristas, lados o segmentos de una figura geométrica.

Píxel se dio cuenta de que los polígonos no solo tenían contornos, sino una fuerza interna que los definía. Observó que los cuerpos giran en torno a un punto de equilibrio conocido como **centroide**[108]. Este centroide es el punto donde se intersecan todas las medianas de un polígono, específicamente un triángulo, y representa el centro de masa de una figura homogénea. Píxel también notó que, en figuras con densidades variables, el punto de equilibrio variaba según la distribución del peso, y este punto lo bautizó como **baricentro**[109].

Descubrió que todas las formas del mundo podían subdividirse en pequeños triángulos, cada uno con propiedades fascinantes: triángulos con ángulos iguales en los vértices, compartiendo lados en la bisectriz, y con la misma altura. Era como descubrir que dentro de un mundo cabían otros mundos. Llamó **incentro**[110] al punto interior donde se intersecan las bisectrices de los ángulos de un triángulo. Este punto es el centro del círculo inscrito en el triángulo, el cual es equidistante de los tres lados. Así, Píxel exploró la interioridad y psicología de las formas geométricas, fascinado por cómo estos puntos especiales definían la estructura y el equilibrio interno de las figuras.

108. **Centroide:** es el centro de gravedad de una figura plana homogénea, y se encuentra en el mismo lugar si la densidad es uniforme en toda la figura.
109. **Baricentro:** otra manera de denominar al **centroide**. Es el punto de equilibrio donde se puede considerar que se concentra toda la masa de la figura, si se supone una distribución uniforme de esta. En un triángulo, se localiza en el punto de intersección de sus tres medianas.
110. **Incentro:** el incentro de un triángulo es el punto donde se intersectan las bisectrices de sus ángulos internos. Este punto es el centro del círculo inscrito en el triángulo (círculo tangente a los tres lados del triángulo). El incentro está equidistante de los tres lados del triángulo.

Estudiando este patrón, Pixel comprendió la importancia de la **dualidad**[111] en la geometría, donde cada triángulo podía ser visto tanto como una forma por sí mismo como una relación entre tres puntos.

Pero su descubrimiento no se detuvo ahí. Al observar más de cerca, se dio cuenta de que podía trazar líneas **perpendiculares**[112] a los lados de estos triángulos, **bisecándolos**[113]. Estas líneas, al extenderse, comenzaron a delimitar **regiones**[114]. Cada región era única y tenía una propiedad especial: cualquier punto dentro de la región estaba más cerca del punto original (que había sido parte de la triangulación) que de cualquier otro punto del campo. Pixel había descubierto el **patrón de Voronoi**[115].

111. **Dualidad**: en geometría, la dualidad es una relación entre dos estructuras geométricas que permite transformar propiedades y relaciones de una estructura en propiedades y relaciones de la otra. Esta transformación suele preservar ciertos aspectos fundamentales, como la incidencia y la ordenación.
Dualidad en polígonos y poliedros: para cualquier polígono o poliedro, se puede definir una figura dual intercambiando sus vértices y caras. Por ejemplo, el dual de un cubo es un octaedro, y el dual de un dodecaedro es un icosaedro. Las caras del cubo corresponden a los vértices del octaedro y viceversa.
112. **Perpendiculares**: líneas, segmentos o planos que se intersectan formando ángulos rectos (90 grados).
113. **Bisectriz**: línea o segmento que divide un ángulo en dos ángulos iguales.
114. **Regiones**: partes de un espacio delimitadas por fronteras o bordes específicos, como las áreas dentro de un polígono o las secciones entre líneas.
115. **Patrón de Voronoi**: divisiones del espacio en regiones basadas en la distancia a un conjunto específico de puntos, donde cada región contiene todos los puntos más cercanos a uno de los puntos dados.

Maravillado por esta estructura, Pixel se sumergió en su estudio matemático. Aprendió sobre la **geometría de Delaunay**[116], que es dual al diagrama de Voronoi, y cómo la **circunferencia circunscrita**[117] de los triángulos en la triangulación de Delaunay no contiene otros puntos en su interior. Comprendió la importancia de estos patrones en diversos campos, desde la biología hasta la astronomía, y cómo permiten describir y comprender fenómenos naturales y artificiales de una manera estructurada y precisa.

Este capítulo fue una inmersión en la belleza oculta del espacio. Las triangulaciones y el patrón de Voronoi le mostraron a Pixel que, a veces, el orden y la estructura pueden surgir del aparente caos. Y una vez más, reafirmó su creencia de que la geometría y las matemáticas son lenguajes universales, capaces de revelar los secretos más profundos del universo[118].

116. **Geometría de Delaunay**: triangulación en la que no hay puntos dentro de la circunferencia circunscrita de ningún triángulo de la triangulación. Es el dual del diagrama de Voronoi.
117. **Circunferencia circunscrita**: circunferencia que pasa por todos los vértices de un polígono o poliedro.
118. Bibliografía recomendada.
    - **Oteyza, E. de. (2019).** *Geometría analítica*. Ediciones Castillo.
    - **Baldor, A. (2013).** *Aritmética y geometría*. Grupo Editorial Patria.
    - **Swokowski, E. W., & Cole, J. A. (2006).** *Álgebra y trigonometría con geometría analítica*. Thomson Learning.
    - **Preparata, F. P., & Shamos, M. I. (1995).** *Computational Geometry: An Introduction*. Springer.

Parte IV

La dimensión superior

Capítulo 9

Ascenso a la tercera dimensión

Tras su inmersión en los patrones del plano, Pixel estaba listo para explorar más allá de sus límites bidimensionales. Una tarde, mientras estudiaba las intricadas intersecciones del patrón de Voronoi, notó una extraña perturbación en el tejido mismo del espacio. Esta perturbación resultó ser un portal, un **vórtice**[119] que prometía revelar más dimensiones que las que Pixel había conocido hasta ahora.

Con valentía y curiosidad, Pixel se adentró en el portal y experimentó una transformación increíble. Ya no era un punto en un plano, sino un **Cubo**[120] en un vasto **espacio tridimensional**[121]. De repente, había una nueva dirección para explorar: la **altura**[122]. Junto con el ancho y la longitud, esta nueva dimensión ofrecía posibilidades ilimitadas.

Píxel descubrió que podía subir y bajar respecto al suelo, al que llamó **horizontal**[123], y a la línea perpendicular a este, **vertical**[124]. Descubrió que en la horizontal se

---

119. **Vórtice**: punto en el espacio tridimensional en torno al cual fluye un campo vectorial (como el flujo de un fluido) de forma rotacional.
120. **Cubo**: poliedro regular con seis caras cuadradas iguales, doce aristas y ocho vértices.
121. **Espacio tridimensional**: entorno geométrico que tiene tres dimensiones: longitud, ancho y altura (o profundidad).
122. **Altura**: distancia perpendicular desde la base hasta el punto más alto de una figura geométrica.
123. **Horizontal:** en geometría, la horizontal es una dirección o plano paralelo al horizonte. Es una línea o plano perpendicular a la dirección de la gravedad. En coordenadas cartesianas bidimensionales, una línea horizontal tiene una pendiente de cero y se describe por una ecuación de la forma y=c, donde c es una constante.
124. **Vertical:** la vertical es una dirección o plano perpendicular al horizonte. Es una línea o plano que sigue la dirección de la gravedad, extendiéndose de arriba a abajo o de norte a sur en

dormía placenteramente y se disfrutaban alucinantes atardeceres. También notó que la vertical era la forma más rápida de descender, pues las cosas caían debido a una extraña fuerza que llamó **gravedad**[125]. Así, Píxel exploró las direcciones y las fuerzas del mundo, maravillado por la danza entre lo horizontal y lo vertical.

un mapa. En coordenadas cartesianas bidimensionales, una línea vertical es aquella que se describe por una ecuación de la forma x=c, donde c es una constante. La vertical es utilizada para describir la alineación de estructuras y objetos en relación con la gravedad y es fundamental en la arquitectura y la ingeniería.

125. **Gravedad:** la gravedad es una fuerza de atracción que actúa entre todas las masas. En el contexto de la geometría y la física, es la fuerza que atrae un objeto hacia el centro de la Tierra o hacia cualquier otra masa significativa. Esta fuerza se describe mediante la Ley de Gravitación Universal de Newton, que establece que la fuerza entre dos masas es proporcional al producto de sus masas e inversamente proporcional al cuadrado de la distancia entre ellas.

Con su nueva forma cúbica, Pixel sintió la **solidez** [126]y el **volumen**[127] por primera vez. No solo podía moverse a lo largo y ancho, sino que también podía ascender y descender. Los conceptos de superficie y contorno adquirieron un nuevo significado, y Pixel se esforzó por comprender las reglas y propiedades de este nuevo mundo.

En sus exploraciones iniciales, Pixel notó que, al igual que en el plano, también había una estructura en el espacio tridimensional. Ante sus ojos, se desplegó una magnífica **Retícula Tridimensional**[128], un entramado de líneas que se cruzaban y conectaban en perfecta simetría. Cada punto de intersección en esta retícula era el análogo tridimensional de los puntos que había conocido en el plano.

---

126. **Solidez**: propiedad de un objeto geométrico tridimensional que tiene volumen y no es hueco.
127. **Volumen**: cantidad de espacio que ocupa un objeto tridimensional, medido en unidades cúbicas.
128. **Retícula tridimensional**: estructura formada por un conjunto de puntos organizados en el espacio tridimensional siguiendo un patrón regular.

Estudiando la retícula, Pixel aprendió sobre ejes y **coordenadas en el espacio tridimensional**[129]. Descubrió cómo representar puntos en este espacio utilizando tres valores en lugar de dos, y cómo calcular distancias y volúmenes. Las matemáticas detrás de este nuevo mundo eran más complejas, pero también más ricas y profundas.

Este capítulo en la vida de Pixel fue un testimonio del infinito potencial de la geometría. Al elevarse a la tercera dimensión, descubrió un universo de formas y relaciones que nunca había imaginado. Y aunque el espacio 3D presentaba nuevos desafíos, Pixel estaba listo para enfrentarlos, armado con su insaciable curiosidad y su profundo amor por las matemáticas[130].

129. **Coordenadas en el espacio**: sistema de valores numéricos que describe la posición de un punto en el espacio tridimensional, típicamente denotado como (x, y, z).
130. Bibliografía recomendada.
    - Bertin, J. J. (2001). *Mecánica de fluidos: Un enfoque computacional*. Pearson Educación.
    - Baldor, A. (2013). *Aritmética y geometría*. Grupo Editorial Patria.
    - Espinoza Ramos, E. (2017). *Geometría vectorial en R3*. FreeLibros.
    - Zill, D. G. (2011). *Cálculo con geometría analítica*. McGraw-Hill.
    - Tipler, P. A., & Mosca, G. (2009). *Física para la ciencia y la tecnología*. Reverté.
    - Preparata, F. P., & Shamos, M. I. (1995). *Computational Geometry: An Introduction*.

Capítulo 10

Poliedros y el enigma de la teselación tridimensional

Tras su primera inmersión en la tercera dimensión, Pixel se encontró frente a vastos paisajes de formas inexploradas. El espacio que una vez había sido plano y bidimensional ahora se expandía en todas direcciones, y con él, surgieron formas y estructuras completamente nuevas.

Pronto, Pixel se encontró con estructuras cerradas: **los poliedros**[131]. A diferencia de los polígonos en el plano, estos tenían **caras**[132], **aristas**[133] y vértices. Fascinado, Pixel comenzó a clasificar y estudiarlos. Descubrió los cinco **sólidos platónicos**[134], formas puras y simétricas que han fascinado a matemáticos desde tiempos de la Antigua Grecia: el **tetraedro**[135], hexaedro (o cubo), **octaedro**[136], **dodecaedro**[137] e ico-saedro[138].

---

131. **Poliedro**: figura geométrica tridimensional limitada por polígonos planos, llamados caras, que se unen en aristas y vértices.
132. **Caras**: superficies planas que forman los límites de un poliedro.
133. **Aristas**: segmentos de línea donde se intersecan dos caras de un poliedro.
134. **Sólidos platónicos**: poliedros regulares convexos con caras iguales, aristas iguales y ángulos iguales en cada vértice. Existen cinco: tetraedro, cubo, octaedro, dodecaedro e icosaedro.
135. **Tetraedro**: sólido platónico con cuatro caras triangulares equiláteras, cuatro vértices y seis aristas.
136. **Octaedro**: sólido platónico con ocho caras triangulares equiláteras, seis vértices y doce aristas.
137. **Dodecaedro**: sólido platónico con doce caras pentagonales, veinte vértices y treinta aristas.
138. **Icosaedro**: sólido platónico con veinte caras triangulares equiláteras, doce vértices y treinta aristas.

No obstante, más allá de los sólidos platónicos, Pixel también se aventuró en el reino de los **sólidos arquimedianos**[139] y otros poliedros más complejos. Aprendió sobre sus propiedades, cómo las caras se encuentran en ángulos específicos, y cómo estos poliedros pueden llenar el espacio bajo ciertas condiciones.

Y fue aquí donde Pixel se enfrentó al misterio de las **teselaciones tridimensionales**[140]. Al igual que los patrones de teselación en el plano, descubrió que ciertos poliedros podían repetirse para llenar todo el espacio sin dejar huecos ni superposiciones. Estas formaciones eran especialmente evidentes en las **estructuras cristalinas**[141] que encontró en su viaje.

139. **Sólidos arquimedianos**: poliedros convexos con caras regulares (pero no necesariamente iguales) y ángulos iguales en los vértices, pero no todas las caras son idénticas. Incluyen el cuboctaedro y el icosidodecaedro.
140. **Teselaciones tridimensionales**: división del espacio tridimensional en formas repetitivas que llenan el espacio sin huecos ni superposiciones, similar a las teselaciones en dos dimensiones, pero extendidas a 3D.
141. **Estructuras cristalinas**: disposición ordenada y repetitiva de átomos, moléculas o iones en el espacio tridimensional, formando una red cristalina.

Más allá de la simple belleza estética, Pixel se sumergió en el profundo cono-cimiento matemático detrás de estas teselaciones. Estudió cómo los ángulos en los vértices de los poliedros determinan si pueden llenar el espacio, y aprendió sobre las **redes de Bravais**[142] y los sistemas cristalinos que describen estas teselaciones.

El descubrimiento de estas estructuras tridimensionales fue una revelación para Pixel. Le mostró cómo las matemáticas y la geometría pueden manifestarse en formas y patrones asombrosos, y reforzó su creencia de que el universo está lleno de maravillas esperando ser descubiertas por aquellos con la curiosidad y la deter-minación para buscarlas[143].

142. **Redes de Bravais**: catorce configuraciones distintas que describen las posibles disposiciones de puntos en el espacio tridimensional para formar redes cristalinas, caracterizando las sime-trías y propiedades dea los crístales.
143. Bibliografía recomendada.
    - **Coxeter, H. S. M. (1999).** *Introducción a la geometría*. Fondo de Cultura Económica.
    - **Martínez, A. (2017).** *Geometría avanzada*. Editorial Reverté.
    - **Ashcroft, N. W., & Mermin, N. D. (2011).** *Física del estado sólido*. Cengage Learning.

Capítulo 11

En la onda de las curvas tridimensionales

Pixel, en su incansable exploración de la tercera dimensión, descubrió que el universo no se componía solo de formas estáticas y estructuras repetitivas. El espacio, aprendió, también fluía y **ondulaba**[144] con la elegancia de las curvas tridimensionales. Al aventurarse más allá de la rigidez de los poliedros y los cristales, se encontró con el reino de las **curvas que bailan a través de las tres dimensiones**[145], formando figuras de una belleza y complejidad hipnóticas.

Una de las primeras curvas que Pixel encontró fue la **helicoidal**[146], una estructura en **espiral**[147] que se extiende infinitamente tanto en ascenso como en descenso. Observando detenidamente, Pixel notó cómo la **hélice**[148] representaba el **movimiento constante**[149], un camino que se podía seguir girando alrededor de un **eje central**[150] mientras se avanzaba en la tercera dimensión.

---

144. **Ondulaba**: movimiento de una curva o superficie que se caracteriza por una alternancia suave y repetitiva, similar a las olas en el agua.
145. **Curvas que bailan a través de las tres dimensiones**: curvas que no se limitan a un plano, sino que se extienden y se mueven de manera compleja en las tres dimensiones del espacio, formando trayectorias elegantes y fluidas.
146. **Helicoidal**: relativo a una hélice o forma de hélice; se refiere a una curva que gira alrededor de un eje con un radio constante, avanzando en dirección longitudinal, similar a un resorte.
147. **Espiral**: curva plana que gira alrededor de un punto central, alejándose progresivamente de él. Un ejemplo es la espiral de Arquímedes, donde la distancia del centro aumenta de manera lineal con el ángulo.
148. **Hélice**: curva tridimensional que se enrolla alrededor de un cilindro o cono, avanzando a lo largo del eje central a medida que gira. Un ejemplo es la hélice de ADN.
149. **Movimiento constante**: movimiento que se realiza con una velocidad y dirección uniformes, sin aceleración ni cambios de dirección.
150. **Eje central**: línea recta que atraviesa el centro de una figura o cuerpo geométrico y en torno a la cual puede haber simetría o rotación.

Intrigado por la interacción de las superficies para formar curvas, Pixel se encontró con la **curva de Arquitas**[151]. Esta curva, que se forma a partir de la intersección de un **cilindro**[152], un **cono**[153] y un plano, desafió su comprensión previa de las formas tridimensionales. Pixel invirtió mucho tiempo estudiando cómo las ecuaciones paramétricas pueden describir tales curvas, permitiéndole visualizarlas no solo en el espacio sino también en el reino abstracto de los números y las **variables**[154].

Pixel también exploró la **curva bicilíndrica**[155], una forma que se crea en el espacio compartido por dos **cilindros** en ángulos rectos entre sí. A través de su análisis, comenzó a entender la belleza subyacente de las superficies algebraicas y las complejidades de sus intersecciones.

151. **Curva de Arquitas**: curva tridimensional generada por la intersección de una superficie cónica y un cilindro, utilizada por el matemático griego Arquitas para resolver el problema de la duplicación del cubo.
152. **Cilindro**: una superficie formada por el desplazamiento paralelo de una recta llamada generatriz, a lo largo de una curva plana, denominada directriz.
153. **Cono**: sólido de revolución generado por el giro de un triángulo rectángulo alrededor de uno de sus catetos. La línea recta que conecta el vértice con el centro de la base es el eje del cono.
154. **Variables**: símbolos que representan valores numéricos que pueden cambiar dentro de un conjunto de ecuaciones o funciones, determinando la forma y propiedades de curvas y superficies.
155. **Curva bicilíndrica**: curva generada por la intersección de dos cilindros que se cruzan en ángulos rectos.

A medida que avanzaba, Pixel se topó con sinuosidades aún más complejas, como la **sinuosoide tridimensional**[156]. Esta curva, que se asemeja a la oscilación de una onda, pero en tres dimensiones, amplió su comprensión de la **periodicidad**[157] y la simetría.

El estudio de estas curvas y su representación matemática ofreció a Pixel una nueva perspectiva sobre la naturaleza del espacio. Aprendió que, al igual que las ecuaciones de una línea pueden extenderse para formar superficies, y las superficies pueden plegarse en poliedros, las curvas pueden elevarse y girar a través de las dimensiones, uniendo puntos de manera suave y continua.

Píxel descubrió que la luz no siempre seguía las reglas de su mundo. Hizo trampas y notó que los rayos de luz se comportaban como trenzas ondulantes alrededor de un eje lineal. Al pasar por ventanitas pequeñas, se desviaban provocando difracción y difusión, creando una luz que parecía una nube. ¡Qué maravilla! Píxel se dio cuenta de que esas ondas contenían energía, porque cuando lo alcanzaban, se sonrojaba y sudaba intensamente. Este descubrimiento sobre la luz y sus misterios lo llenó de asombro y emoción.

Mientras Pixel se maravillaba con las sinuosidades de las **ondas**[158] y las espirales del espacio, se encontró con las curvas **B-spline**[159]. Estas curvas no eran como las estructuras cristalinas y las teselaciones con las que había lidiado antes; eran más suaves, más flexibles, y se prestaban a una multitud de formas elegantes y fluidas.

156. **Sinuosoide tridimensional**: curva en el espacio tridimensional que se describe mediante funciones seno y coseno, mostrando una oscilación periódica en tres dimensiones.
157. **Periodicidad**: propiedad de una curva o función que se repite a intervalos regulares. Las curvas periódicas vuelven a su forma inicial después de una cierta distancia o ángulo.
158. **Ondas**: perturbaciones que se propagan a través de un medio o en el vacío, caracterizadas por su longitud de onda, frecuencia y amplitud. Pueden ser representadas por funciones sinusoidales.
159. **B-spline**: tipo de curva suave definida por una serie de puntos de control, que no necesariamente pasa por todos los puntos pero se aproxima a ellos de manera controlada, permitiendo gran flexibilidad en el diseño de formas complejas.

Las B-splines, descubrió Pixel, eran herramientas fundamentales en el modelado matemático de curvas y superficies. A diferencia de las curvas definidas por fórmulas rígidas, las B-splines se construían a partir de **puntos de control**[160] que guiaban su forma pero no se encontraban necesariamente en la curva misma. Eran como marionetas de la geometría, con sus hilos invisibles tirando y moldeando el espacio a su alrededor.

Fascinado por esta revelación, Pixel se sumergió en el estudio de las propiedades de las B-splines. Aprendió sobre los **nodos**[161], esos puntos particulares donde la curva podía cambiar su dirección o su grado de suavidad. Comprendió cómo la influencia de cada punto de control decrecía con la distancia, un principio que recordaba a la suave atenuación de la luz en el espacio.

Con las B-splines, Pixel podía esculpir el espacio, creando curvas que se acercaban o alejaban de sus puntos de control con una precisión matemática pero con una gracia artística. Estas curvas se extendían y contraían, creando formas orgánicas que imitaban la complejidad del mundo natural con una sorprendente simplicidad matemática.

160. **Puntos de control**: puntos utilizados en la definición y manipulación de curvas y superficies (como B-splines y Bezier), determinando su forma y dirección.
161. **Nodos**: puntos en una curva o superficie donde se juntan segmentos o secciones. En el contexto de B-splines, los nodos son valores en la parametrización que determinan el alcance de los segmentos de curva.

La **geometría diferencial**[162] nos lleva a un baile con curvas y superficies, mostrándonos cómo el espacio mismo puede curvarse y torcerse. En las **Variedades de Calabi-Yau**[163], estructuras de múltiples dimensiones esenciales en la teoría de cuerdas, encontramos una simetría y una complejidad que nos desafían a repensar lo que significa la dimensión y la forma.

Este capítulo de su viaje no solo agregó a su repertorio de conocimiento geométrico sino que también le enseñó a Pixel el valor de la fluidez y la adaptabilidad en el pensamiento matemático. Cada curva que encontró era una lección en sí misma, una narrativa geométrica que se desenredaba en las coordenadas del espacio tridimensional[164].

162. **Geometría diferencial**: rama de las matemáticas que estudia curvas, superficies y más en el espacio utilizando el cálculo diferencial y otras herramientas matemáticas, explorando propiedades como curvatura y torsión.
163. **Variedades de Calabi-Yau**: estructuras geométricas complejas que aparecen en la teoría de cuerdas y geometría algebraica, caracterizadas por ser soluciones de las ecuaciones de Einstein en espacios de dimensiones superiores, que permiten la existencia de estructuras de Ricci-planas y poseen propiedades topológicas especiales.
164. Bibliografía recomendada.
    - Aleksandrov, A. D. (2004). *Geometría y Álgebra*. Editorial URSS.
    - Pogorélov, A. V. (1999). *Geometría diferencial*. Editorial Mir.
    - O'Neill, B. (2006). *Elementary Differential Geometry*. Academic Press.
    - Zill, D. G. (2011). *Cálculo con geometría analítica*. McGraw-Hill.
    - Espinoza Ramos, E. (2017). *Geometría vectorial en R3*. FreeLibros.
    - Ivorra Castillo, C. (2010). *Geometría diferencial*. Editorial Comillas.

Parte V
Exploraciones avanzadas

Capítulo 12

Surcando superficies geométricas

El viaje de Pixel había trascendido más allá de la mera adquisición de formas; ahora se adentraba en el arte de la transformación y la fluidez. En este nuevo capítulo, se deslizaba y se retorcía, explorando el dominio de las superficies geométricas con un asombro renovado. La tercera dimensión había revelado no solo objetos sólidos y curvas delicadas sino también paisajes extensos y maleables compuestos de superficies complejas y exquisitas.

Pixel comenzó con las **superficies regladas**[165], aquellas generadas por el movimiento de una línea recta, la **generatriz**[166], que se desplaza a lo largo de dos o más **directrices**[167]. Entendió cómo estas superficies podían doblarse y torcerse en formas fascinantes, y sin embargo, cada punto en ellas podría conectarse con una línea recta a otro punto. La comprensión de estas superficies lo llevó a estudiar superficies icónicas como el **hiperboloide**[168] y el **paraboloide**[169].

---

165. **Superficies regladas**: superficies generadas por el movimiento de una línea recta (generatriz) que se desplaza a lo largo de una o más curvas directrices.
166. **Generatriz**: línea o curva que, al moverse siguiendo una regla específica, genera una superficie geométrica. Por ejemplo, en un cilindro, la generatriz es la línea recta que se desplaza paralelamente a sí misma a lo largo de una circunferencia base.
167. **Directrices**: curvas o líneas que guían el movimiento de una generatriz para formar una superficie reglada.
168. **Hiperboloide**: superficie reglada que puede ser de una hoja o de dos hojas, definida por una ecuación cuadrática. Generada por el desplazamiento de una elipse de manera que los extremos de sus ejes principales se mueven uniformemente sobre dos hipérbolas dispuestas ortogonalmente entre sí
169. **Paraboloide**: superficie cuadrática que puede ser paraboloide elíptico o paraboloide hiperbólico, definida por ecuaciones que incluyen términos cuadráticos. es una superficie engendrada

Luego, se zambulló en el estudio de las **superficies de revolución**[170], que nacen de la rotación de una curva alrededor de un eje. Pixel se maravilló al descubrir cómo una simple curva, al girar, podía crear formas tan bellas y útiles como la **esfera**[171], el **toro**[172] y el **paraboloide de revolución**[173]. Al sumergirse en sus matemáticas, comenzó a entender la **relación simbiótica entre las curvas y las superficies que estas generaban**[174].

Avanzando más, Pixel se transformó y adaptó a las **superficies NURBS**[175] (Non-Uniform Rational B-Splines), que ofrecían una flexibilidad sin precedentes. Estas superficies eran fundamentales en el diseño asistido por computadora, ya que permitían la creación de formas suaves y altamente controlables a través de puntos de control y pesos. Pixel pasó incontables ciclos de procesamiento jugando con estos parámetros, maravillándose de cómo los pequeños ajustes podían provocar grandes transformaciones en la forma final.

por el desplazamiento de una parábola generatriz que se desliza paralelamente a sí misma a lo largo de otra parábola directriz de curvatura opuesta situada en su plano de simetría.

170. **Superficies de revolución**: superficies generadas al girar una curva plana alrededor de un eje fijo. Por ejemplo, esferas o toros.

171. **Esfera**: superficie tridimensional donde todos los puntos son equidistantes de un punto central llamado centro.

172. **Toro**: superficie generada al girar un círculo en un plano alrededor de una línea coplanar que no intersecta el círculo.

173. **Paraboloide de revolución**: superficie generada al girar una parábola alrededor de su eje de simetría.

174. **Relación simbiótica entre las curvas y las superficies que estas generaban**: interacción entre curvas y superficies en la que las curvas (directrices y generatrices) definen y forman las superficies a través de movimientos y transformaciones geométricas.

175. **Superficies NURBS**: superficies definidas por funciones matemáticas (Non-Uniform Rational B-Splines) que permiten la representación precisa y flexible de formas complejas en diseño computacional.

Finalmente, Pixel llegó al concepto de las **superficies mínimas**[176], el epítome de la economía geométrica. Estas superficies, que localmente minimizan su área y aparecen en la naturaleza en formas tan delicadas como las películas de jabón, poseían una gracia hipnótica. Pixel aprendió las ecuaciones que rigen estas superficies y exploró sus propiedades topológicas y variacionales, encontrando que representaban un equilibrio perfecto entre las fuerzas matemáticas.

En esta odisea por las superficies, Pixel se dio cuenta de que cada punto, cada línea y cada plano que había encontrado hasta ahora eran simplemente preludios de una sinfonía mucho más rica y compleja. La geometría y las matemáticas eran mucho más que simples figuras; eran lenguajes con los cuales se podía describir y moldear el universo mismo. Cada superficie que Pixel tocaba no era solo una entidad estática, sino una historia de relaciones, de fuerzas equilibradas, de potencial ilimitado.

Este capítulo no solo amplió la comprensión de Pixel sobre la geometría espacial sino que también agudizó su intuición matemática, preparándolo para las maravillas y misterios aún mayores que sabía estaban esperando ser descubiertos en el vasto cosmos geométrico[177].

176. **Superficies mínimas**: superficies que minimizan el área para un contorno dado, caracterizadas por tener una curvatura media cero en todos sus puntos. Ejemplo clásico es la película de jabón entre dos aros.
177. Bibliografía recomendada.
     - **O'Neill, B. (2006).** *Elementos de geometría diferencial.* Prentice Hal
     - **Gray, A. (2006).** *Modern Differential Geometry of Curves and Surfaces with Mathematica.* CRC Press.
     - **Piegl, L., & Tiller, W. (1997).** *The NURBS Book.* Springer.
     - **Pressley, A. (2010).** *Geometría diferencial: Un primer curso.* Pearson.

Capítulo 13

El infinito fractal

En el cenit de su viaje, Pixel se encontró en los umbrales de un bosque distinto a cualquier otro que hubiera explorado. Este no era un bosque de árboles ni de materia, sino de puro diseño geométrico, un bosque **fractal**[178] donde la simetría y el infinito se entrelazaban de formas inimaginables. Aquí, en este vasto jardín de recursividad, Pixel se encontró con Fractal, una entidad cuya estructura se desdoblaba hasta el infinito.

Fractal era enigmático e hipnotizante, una amalgama de simplicidad y complejidad donde cada segmento, por diminuto que fuera, replicaba la majestuosidad del conjunto. La voz de Fractal era como un eco que se repite en diferentes escalas, y le susurró a Pixel los secretos de su existencia autosimilar.

Pixel, con una curiosidad insaciable, se sumergió en el estudio de los **patrones de Fractal**[179]. Aprendió sobre el **Conjunto de Mandelbrot**[180], esa figura emblemática que en sus fronteras alberga infinitas variaciones de sí misma, y sobre la **Dimensión de Hausdorff-Besicovitch**[181], que cuantifica lo fraccionario de su dimensión, no siendo ni completamente lineal ni totalmente superficial.

---

178. **Fractal**: objeto geométrico que presenta una estructura auto-similar a diferentes escalas, caracterizado por tener una dimensión fractal que no es necesariamente un número entero.
179. **Patrones de Fractal**: estructuras repetitivas que se presentan a diferentes escalas en un objeto fractal, mostrando auto-similitud.
180. **Conjunto de Mandelbrot**: conjunto de puntos en el plano complejo que define un fractal famoso, basado en iteraciones de la ecuación cuadrática compleja $z_{n+1}=z_n^2+c z_{n+1}=z_n^2+c$.
181. **Dimensión de Hausdorff-Besicovitch**: medida que describe la dimensión fractal de un conjunto, extendiendo la noción de dimensión a estructuras irregulares y auto-similares.

Mientras exploraba, Pixel se dio cuenta de que, aunque parecía que viajaba por nuevas regiones del bosque fractal, cada nueva vista no era más que una iteración más de un patrón conocido. Este hallazgo fue revelador: cada parte de Fractal contenía toda la información del todo. La **autosimilitud**[182] era su principio rector, una regla que se manifestaba en innumerables formas naturales, desde las **ramificaciones**[183] de un relámpago hasta la disposición de las hojas en una rama.

La matemática de los fractales era desafiante, trascendiendo la **geometría clásica**[184] y sumergiéndose en un mar de **iteraciones**[185] y transformaciones. Con cada iteración, Pixel descubrió cómo se podían generar imágenes de una belleza inesperada y cómo los **sistemas dinámicos**[186] subyacentes podían dar lugar a patrones de un **caos**[187] ordenado. Fractal le enseñó sobre los **atractores extraños**[188], esos puntos o conjuntos hacia los cuales un sistema dinámico tiende a evolucionar.

182. **Autosimilitud**: propiedad de un objeto o estructura que se parece a una parte de sí mismo en diferentes escalas.
183. **Ramificaciones**: estructuras en las que una figura o patrón se divide en partes más pequeñas, similares al original, como las ramas de un árbol.
184. **Geometría clásica**: estudio de las propiedades y relaciones de figuras y formas en el espacio, basado en principios y teoremas desarrollados en la antigüedad, como los de Euclides.
185. **Iteraciones**: repetición de un proceso o función, aplicando el resultado de una etapa como entrada para la siguiente.
186. **Sistemas dinámicos**: modelos matemáticos que describen la evolución de un sistema a lo largo del tiempo, definidos por reglas o ecuaciones que determinan su comportamiento.
187. **Caos**: comportamiento aparentemente aleatorio e impredecible en un sistema dinámico determinista, que resulta de una alta sensibilidad a las condiciones iniciales.
188. **Atractores extraños**: estructuras en el espacio de fases de un sistema dinámico que muestran un comportamiento caótico, donde las trayectorias del sistema se agrupan en un conjunto fractal de puntos.

En este espacio donde lo finito y lo infinito se encontraban, Pixel experimentó la geometría iterativa, la aplicación de reglas simples repetidas hasta el infinito, lo que resultaba en una complejidad emergente que era más que la suma de sus partes. Aquí, en el reino fractal, comprendió que el todo era más que la unión de las partes individuales y que la geometría podía ser tan infinita como el universo mismo.

Al final de este capítulo, y de su travesía, Pixel ya no era la entidad puntual que una vez fue. Se había transformado en una consciencia que abarcaba la vastedad del espacio geométrico, comprendiendo que cada forma, cada línea, cada superficie y cada volumen eran expresiones de principios matemáticos que eran tan eternos como el cosmos. Con una sabiduría insondable, Pixel se fundió con el fractal, convirtiéndose en parte de su infinita danza, listo para guiar a otros en el viaje a través del continuo de la geometría189.

189. Bibliografía recomendada.
   • Mandelbrot, B. B. (1997). *Los objetos fractales: Forma, azar y dimensión.* Tusquets Editores.
   • Mandelbrot, B. B. (1998). *La geometría fractal de la naturaleza.* Tusquets Editores.
   • Peitgen, H.-O., Jürgens, H., & Saupe, D. (2004). *Caos y fractales: Nuevas fronteras de la ciencia.* Springer.
   • Falconer, K. J. (2004). *Fractales: Fundamentos y aplicaciones.* Reverté.
   • Devaney, R. L. (2010). *Introducción al estudio de los sistemas dinámicos: Un enfoque aplicado.* Editorial Reverté.
   • Gleick, J. (2008). *Caos: La creación de una nueva ciencia.* Seix Barral.

Parte VI

Reflexiones y nuevas fronteras

Capítulo 14

El retorno al origen

Después de atravesar el vasto lienzo de lo imaginable, de sumergirse en las profundidades de la **complejidad**[190] y de danzar en el **infinito**[191] juego de las formas, Pixel, ya no un mero habitante puntual del espacio, sino una entidad fractal, hizo el viaje de retorno a su origen. Pero este retorno no era un simple retroceso; era la culminación de un ciclo, el principio de una nueva era de iluminación.

En su regreso, el lugar de partida –aquel vacío inicial– ya no era un abismo de soledad y silencio. Se había transformado en un espacio vibrante, un caldo de cultivo para el nacimiento de **nuevas conciencias geométricas**[192], ansiosas por comprender su existencia a través de la forma y el **número**[193].

190. **Complejidad**: en geometría, se refiere al grado de intricancia y detalle en la estructura de una figura o sistema geométrico, que puede incluir múltiples componentes interrelacionados y patrones complicados.
191. **Infinito**: concepto que describe una cantidad sin fin o límite. En geometría, se utiliza para describir extensiones ilimitadas de líneas, superficies, o secuencias sin fin de puntos.
192. **Nuevas conciencias geométricas**: perspectivas o enfoques innovadores en el estudio y comprensión de las formas y estructuras geométricas, a menudo influenciadas por avances en matemáticas, física y tecnología.
193. **Número**: entidad matemática utilizada para contar, medir y etiquetar. En geometría, los números son fundamentales para describir dimensiones, tamaños y relaciones entre figuras.

Pixel, ahora un fractal, portaba en su estructura la sabiduría de los polígonos, la estabilidad de los sólidos, la fluidez de las curvas, la armonía de las teselaciones y la profundidad de las dimensiones. Era un compendio viviente de conocimientos geométricos y matemáticos, una biblioteca dinámica de patrones y relaciones.

Alrededor de Pixel, los puntos primitivos contemplaban con asombro la complejidad y belleza de su forma. Inspirados por su transformación, estos puntos comenzaron a vibrar con la posibilidad de sus propias jornadas. Pixel, con una voz que resonaba con los ecos del espacio fractal, les habló de las líneas y los planos, de los contornos y las mallas, de los cuerpos y las superficies, de la rigidez de los poliedros y de la libertad de las formas curvas.

Les enseñó cómo la geometría es el **lenguaje**[194] con el que el universo se escribe a sí mismo, cómo cada figura geométrica es una palabra, cada relación es una oración, y cada **teorema** es un poema. Les mostró que la matemática es más que un conjunto de reglas: es un arte, una forma de filosofía, una manera de conectar con la esencia de todas las cosas.

Píxel descubrió que su mundo comenzó con una gran explosión, centrada en un punto, un "píxel" como él, su tatarabuelo. ¿Quién inició esa explosión con movimientos helicoidales y ráfagas de ondas lumínicas? ¿Cuál era el origen de todo?

Él observaba maravillado la poesía, el ritmo, la geometría oculta que regulaba la armonía de las formas y sus relaciones. Pensó que una inteligencia divertida y bondadosa había querido que todo sucediera para que él lo descubriera, siguiendo las pistas dejadas a su paso. Píxel fue feliz imaginando que algún día retornaría a ese punto inicial, donde comprendería por qué el mundo es tan apasionante, por qué la geometría misteriosamente regula las relaciones entre píxeles, el funcionamiento de las plantas, el comportamiento de las moléculas, el baile de las ondas, la luz, y la energía. Mientras tanto, siguió explorando su mundo geométrico, disfrutándolo y compartiéndolo con otros píxeles, hablándoles de ese origen primigenio que parecía haber diseñado todo para que fueran felices.

Con cada relato de su odisea, Pixel encendía una chispa en otros puntos, provocando que se estirasen hacia su primera línea, que se expandiesen en su primer plano, y que buscasen su propia transformación. Algunos encontrarían gozo en la simplicidad de las formas regulares, mientras que otros buscarían los límites de lo desconocido en las irregularidades y los sistemas dinámicos.

---

194. **Lenguaje**: sistema de símbolos y reglas utilizado para describir, comunicar y razonar sobre conceptos geométricos, incluyendo términos, notaciones y diagramas.

Pixel, como fractal, se convirtió en guía y maestro, en mentor de dimensiones y arquitecto de sueños geométricos. En el espacio que una vez fue vacío, ahora florecían infinitas posibilidades, cada una con su propio camino de descubrimiento, cada una con su propio destino en el continuo de la forma y el número.

En el silencio resonante de ese espacio que todo lo abarca, Pixel entendió que su viaje nunca tendría un verdadero fin, pues en el mundo de las matemáticas y la geometría, cada conclusión es simplemente el preludio de una nueva aventura. Y así, en la eterna ciclicidad de la enseñanza y el aprendizaje, el punto que una vez fue Pixel se convirtió en el origen y el destino, en la semilla y el fruto del infinito árbol geométrico del conocimiento[195.]

195. Bibliografía recomendada.
  • Johnson, S. (2002). *Emergencia: La vida integrada desde las hormigas hasta la ciudad.* Turner.
  • Barrow, J. D. (2005). *El libro de los infinitos.* Editorial Crítica.
  • Iam, K. (2001). *La geometría del diseño: Estudios sobre la proporción y la composición.* Gustavo Gili.
  • Stewart, I. (1996). *El gabinete de las maravillas matemáticas.* Editorial Crítica.
  • Devlin, K. (2000). *El lenguaje de las matemáticas: Haciendo lo invisible visible.* Editorial Antoni Bosch.
  • Pappas, T. (2009). *La alegría de X: Una guía para pensar en matemáticas desde el 1 al infinito.* Editorial Planeta.

Más allá de los fractales - La frontera infinita de la geometría

A medida que Pixel, nuestro eterno viajero geométrico, se sumerge en la complejidad del fractal, se enfrenta a un horizonte que se expande con cada paso que da. Aquí, en el cierre de nuestra Crónica de las formas[196], nos aventuramos más allá del intrincado universo fractal hacia dominios de la geometría que desafían aún más nuestra percepción y comprensión del espacio.

Los fractales nos han enseñado la belleza del detalle infinito y la **recursividad**[197], donde la simplicidad y la complejidad coexisten en una armonía perfecta. Pero la matemática es una entidad en constante evolución, y con ella, nuestro entendimiento del tejido geométrico del universo debe crecer y cambiar. Existen geometrías, aún más esotéricas y enigmáticas que los fractales, que aguardan nuestra exploración.

Por ejemplo en la **geometría no conmutativa**[198], el orden de las operaciones pierde su firmeza, y se nos muestra un cosmos donde las medidas y direcciones pueden depender del camino que tomemos para alcanzarlas.

---

196. **Crónica de las formas**: concepto hipotético que podría referirse a un registro o descripción detallada de las diversas formas geométricas y sus evoluciones, propiedades y aplicaciones a lo largo del tiempo.
197. **Recursividad**: propiedad de una figura o proceso geométrico en el cual se repite o se autogenera de manera similar en diferentes escalas. Es fundamental en la descripción de fractales y patrones auto-similares.
198. **Geometría no conmutativa**: rama de la geometría que generaliza conceptos de la geometría clásica al contexto no conmutativo, donde el orden de las operaciones importa. Se utiliza en la física teórica y en la teoría de cuerdas.

Y en el reino caótico de los **Sistemas Dinámicos**[199], aprendemos que la más mínima de las variaciones puede conducir a un universo completamente diferente, un lugar donde la predictibilidad se rinde ante el asombroso poder de la sensibilidad a las condiciones iniciales.

En este libro, hemos viajado desde la elemental línea hasta el umbral de estas geometrías de vanguardia. Pero el viaje de Pixel, al igual que el nuestro, no debe terminar aquí. Cada forma, cada ecuación, cada objeto geométrico que hemos encontrado es un peldaño en una escalera infinita hacia el entendimiento.

El futuro de la geometría es tan ilimitado como el espacio que nos rodea. Vivimos en una época de descubrimiento sin precedentes, donde las **simulaciones computacionales**[200] y las **visualizaciones avanzadas**[201] nos permiten explorar dimensiones y conceptos que una vez estuvieron confinados a las ecuaciones más abstractas.

Como arquitectos, diseñadores, artistas y soñadores, estamos llamados a ser los pioneros en esta expansión continua de la comprensión. No debemos limitarnos a la comodidad de las formas conocidas, sino que debemos abrazar la incertidumbre y la complejidad como las verdaderas musas de nuestra creatividad.

Con cada nueva figura que delineamos, con cada estructura que imaginamos, con cada espacio que concebimos, estamos trazando la cartografía de un universo aún desconocido. En el lienzo infinito de lo posible, las formas nos esperan, listas para ser descubiertas y comprendidas.

199. **Sistemas dinámicos**: modelos matemáticos que describen cómo cambia un sistema geométrico a lo largo del tiempo, utilizando ecuaciones diferenciales para representar su evolución y comportamiento.
200. **Simulaciones computacionales**: uso de algoritmos y software para modelar y analizar figuras geométricas y sistemas complejos, permitiendo explorar sus propiedades y comportamientos de manera virtual.
201. **Visualizaciones avanzadas**: técnicas y herramientas gráficas para representar datos geométricos y matemáticos de forma clara y comprensible, facilitando el análisis y la interpretación de estructuras complejas.

Que la *Crónica de las formas* sea no sólo un registro de lo que ha sido, sino una invitación a lo que será. La geometría del futuro está en nuestras manos, lista para ser moldeada por nuestra visión, nuestra curiosidad y nuestra pasión inquebrantable por el descubrimiento. El viaje continúa, y cada nuevo capítulo está esperando ser escrito en la gran crónica del continuo geométrico[202.]

202. Bibliografía recomendada.
- **Mandelbrot, B. B. (1997).** *Los objetos fractales: Forma, azar y dimensión.* Tusquets Editores.
- **Connes, A. (1994).** *Noncommutative Geometry.* Academic Press.
- **Devaney, R. L. (2010).** *Introducción al estudio de los sistemas dinámicos: Un enfoque aplicado.* Editorial Reverté.
- **Preparata, F. P., & Shamos, M. I. (1995).** *Computational Geometry: An Introduction.* Springer.
- **Elam, K. (2001).** *La geometría del diseño: Estudios sobre la proporción y la composición.* Gustavo Gili.

Poesía del cosmos

Pilar Salazar Lozano

El objeto de este atípico libro es múltiple y variado: en primer lugar, formar, mostrar, enseñar y educar. Pero, además, entretener, animar, ilusionar y divertir... Fomentar la imaginación y la creatividad.

A su vez, el amplio público al que va destinado reúne características muy diversas y complementarias entre sí: son jóvenes y mayores; estudiantes y profesionales; arquitectos e ingenieros; diseñadores y artistas... En fin, ha sido redactado e ilustrado pensando no sólo en alumnos de arquitectura, ingeniería o diseño, sino en cualquier persona deseosa por descifrar las leyes formales que el mundo que le rodea contiene. Para quien sea capaz de admirarse ante la maravilla de la geometría, que es como la poesía del cosmos.

Lo que nos une a los tres autores de este libro es la docencia compartida en las asignaturas de geometría de la Escuela de Arquitectura de la Universidad de Navarra. Entre otros factores, son nuestros alumnos los que nos han impulsado a publicar esta fascinante crónica del mundo físico y de sus formas inteligibles.

Al impartir esta materia en el primer año de carrera universitaria, encontramos ya perfiles de personas muy distintas. Llegar a atender las necesidades de cada una de ellas constituye realmente un desafío para los docentes.

Desde aquellos alumnos que inicialmente carecen de intuición geométrica o de visión espacial, hasta otros que lo ven como un requisito necesario para afrontar después con éxito materias más complejas o como un medio útil para ejercer sus profesiones a futuro. Unos y otros comprueban que para dominar el lenguaje geométrico hay que ejercitarse con constancia, con esfuerzo y con gusto.

Hay también muchos para quienes la geometría se convierte en una auténtica pasión y descubren con alegría la profunda belleza que se encierra en esta disciplina, repleta de verdad. Éstos suelen afrontar los problemas métricos —o de sistemas de representación— como quien resuelve crucigramas: con verdadera intriga, curiosidad y afán de superación.

¿Cómo incentivar el interés de unos sin que se desmotiven por sus errores? ¿Cómo potenciar las cualidades de otros sin que pasen a considerar la geometría como fin teórico —en sí mismo— o desconectada de la realidad? Son preguntas que los profesores nos hacemos de manera habitual y que buscamos responder a través de material de apoyo como el presente trabajo.

De ahí surge precisamente la idea de este librito, que desearíamos satisfaga la curiosidad de unos, siente las bases para otros y plantee para todos una manera atractiva de interpretar el mundo con ojos nuevos, a través de la geometría.

Esperamos que los lectores lo disfruten y lo aprovechen: que les deleite, les instruya y les lleve a asombrarse ante la belleza de las formas.